Montagnes de Rêve

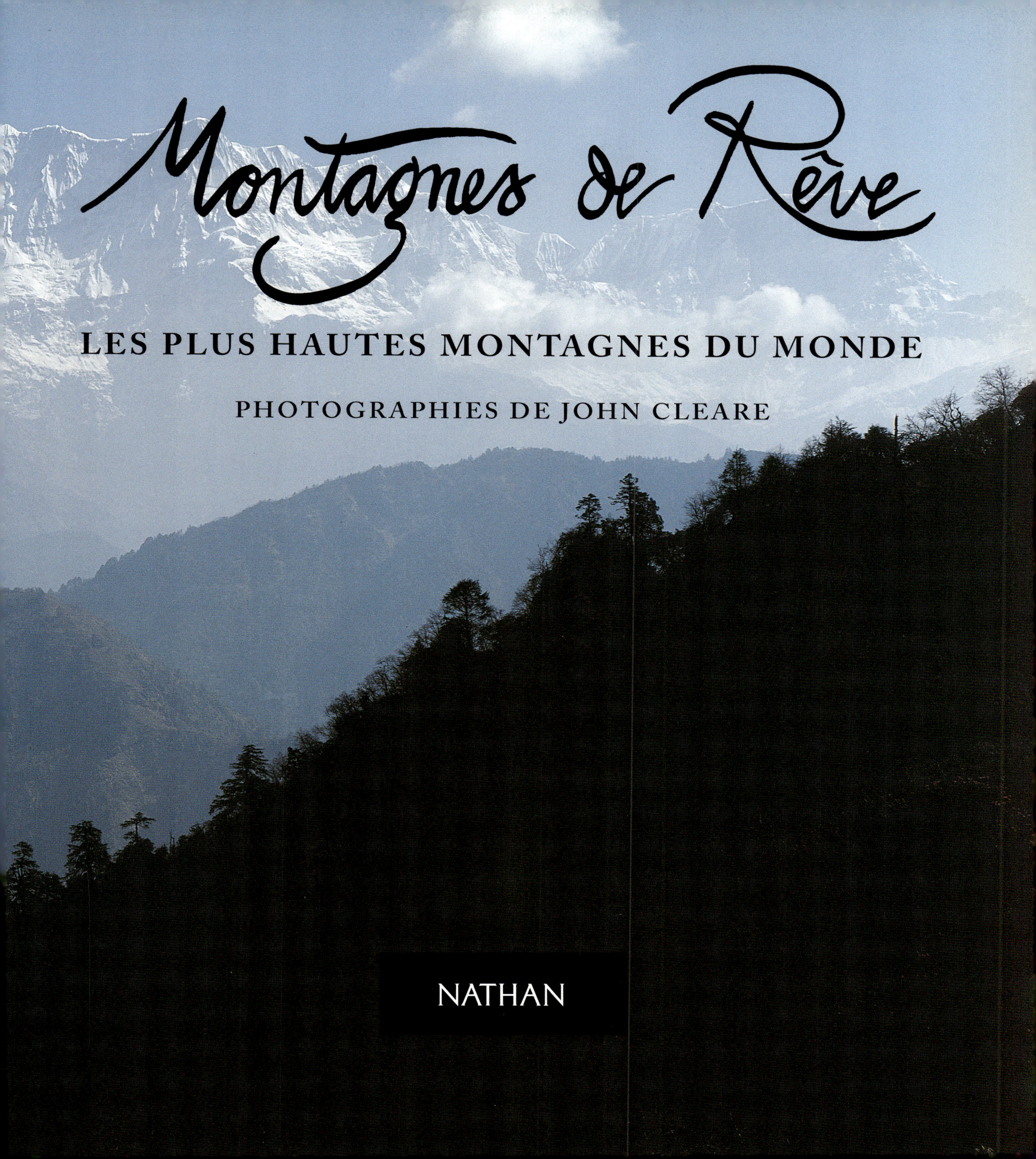

Montagnes de Rêve

LES PLUS HAUTES MONTAGNES DU MONDE

PHOTOGRAPHIES DE JOHN CLEARE

NATHAN

À mes compagnons d'escalade, qui, au fil de toutes ces années,
m'ont accordé leur compagnie, leur amitié et leur patience,
sans lesquelles les photographies illustrant ce livre
n'auraient jamais pu être réalisées.

Montagnes de rêve
Photographies de John Cleare

Publié pour la première fois en Grande-Bretagne en 1998 sous le titre *Distant Mountains*,
par Duncan Baird Publishers en association avec Discovery Channel

Conception : Gabrielle Le Grazie
Photographies en studio : David Murray
Cartographie : Robert Nelmes
Traduction : Olivier Le Goff
Calligraphie : Rima Shaw, d'après Susanne Haines

PAO de l'édition française : Alinéa

NOTE DE L'ÉDITEUR
Les légendes complétant les illustrations sont de John Cleare.
L'indication des distances et des altitudes selon le système métrique a imposé,
dans certains cas, l'adaptation des textes originaux.

ISBN : 2.09.260834-7
N° d'éditeur : 10076881
Dépôt légal : août 2000
Imprimé à Singapour

Sommaire

Introduction

La première montagne à s'être gravée dans ma mémoire, c'est le Snowdon (pays de Galles). Ma grand-mère m'avait montré du doigt sa forme bleue dans le lointain, et je me rappelle la fumée d'un train invisible qui progressait vers son sommet. À l'occasion de sa lune de miel, mon aïeule avait gravi le Snowdon avant qu'il ne soit desservi par la voie ferrée. Et voilà que je mourais d'envie d'atteindre moi aussi sa cime. J'en voulais à ce train, qui, pour moi, n'était pas le meilleur moyen d'escalader une montagne.

J'avais juste quatre ans à l'époque, et, depuis, la montagne m'a toujours intéressé. Dans mon esprit, il ne faisait pas de doute qu'un jour je gravirais non seulement le Snowdon, mais aussi d'autres montagnes. En attendant, je grimpais dans les arbres, activité sérieuse, beaucoup plus intéressante que tous les jeux de ballon. Plus tard, encore écolier, j'eus le privilège de pouvoir accéder à la bibliothèque personnelle de l'un de mes maîtres. C'est ainsi que j'avais déjà tout lu de Winthrop Young et de Kirkus, et étudié les photographies d'Abrahams et de Smythe avant de poser mon premier rappel et d'attaquer ma première montagne, à l'âge de treize ans : le Tryfan, dans le Snowdonia National Park. C'est à cette occasion que j'ai su que la montagne allait jouer dans ma vie un rôle très important.

J'appris tôt que l'escalade technique, bien que ce fût l'activité qui captivait le plus un jeune homme aventureux, n'était qu'un volet parmi d'autres de l'art de la montagne – l'art de se déplacer en sécurité dans des terrains à pic et potentiellement dangereux. Un alpiniste complet doit être un expert sur roche, sur neige et sur glace, un excellent randonneur et un skieur hors piste compétent. Il doit également savoir camper dans des conditions de survie extrêmes, et aussi posséder des bases en médecine, en météorologie, en géologie, en glaciologie, en histoire naturelle, et dans bien d'autres disciplines encore.

Depuis cette ascension du Tryfan, j'ai eu le plaisir d'effectuer certaines des escalades sur rocher les plus difficiles et les ascensions alpines les plus motivantes ; j'ai gravi mon content de nouveaux itinéraires et de sommets vierges. Mais je suis toujours resté un peu sur ma faim, même quand le succès venait les couronner, avec les expéditions dans les massifs les plus importants, qui consistent en des tentatives officielles et bien organisées d'escalader une montagne donnée. Mon plus grand plaisir est de voyager avec peu d'équipement, en compagnie d'un vieil ami, dans des montagnes nouvelles pour moi et sans objectif véritablement fixé. Nous avons ainsi gravi des cimes parce qu'elles étaient attirantes et non pour leur réputation, avons franchi des cols pour voir ce qu'il y avait de l'autre côté, tracé nos propres cartes parce que celles qui existaient étaient erronées. La philosophie de la montagne était pure, c'était celle de Tilman et Shipton.

Mais la montagne plaît à tout le monde, il n'y a pas de règle, pas d'emploi du temps. Chacun d'entre nous peut y trouver ce qu'il cherche, que ce soit l'inspiration, la réussite, l'exercice, l'évasion ; ou tout cela en même temps, ou rien de tout cela. Comme l'exprimait à peu près ainsi John Ruskin : « ... *ces chaînes menaçantes de montagnes sombres... sont en réalité source de vie et de bonheur plus pleine et plus bénéfique que la brillante fécondité des plaines.* »

John Cleare

SUR LES ILLUSTRATIONS, FICHES PRATIQUES ET CARTES

Prendre des photos est pour moi un véritable plaisir, mais derrière chaque image que je capture se cache un motif professionnel ; les illustrations regroupées dans ce livre ont été réalisées sur une durée assez longue, soit dans le cadre de commandes, soit pour enrichir mes archives. La photographie de montagne est à la fois simple et difficile : simple, parce que les sujets abondent et que l'inspiration vient aisément ; difficile, du fait des contraintes d'ordre pratique qu'impose la montagne.

Bien que je regrette de ne pas avoir emporté un appareil photo lors de mes premières ascensions, qui comptent parmi les meilleures, je me dis que finalement c'est mieux ainsi, car j'aurais risqué de mettre en péril le résultat final et ma sécurité. Il faut une extraordinaire implication pour changer une pellicule quand on lutte en même temps pour sa survie en plein blizzard. De plus, quand on doit charrier sur son dos du matériel pour trois semaines d'expédition, on a tendance à rogner sur tout, et en premier sur ce qui concerne l'image.

Pour bien faire son travail, un photographe doit emporter un minimum d'équipement : dans mon cas, c'est une surcharge de 5 à 6 kg par rapport à mes compagnons que je dois prévoir. J'utilise des Nikon 35 mm, ce qui se fait de mieux pour tous usages ; de temps à autre, je prends un Fuji 6 X 17 pour faire des panoramiques. Ce matériel, difficile à transporter et à utiliser en milieu accidenté, permet d'obtenir des images insolites et très intéressantes, dont les débouchés commerciaux sont malheureusement limités par le format.

De la même façon que la photographie de montagne illustre des paysages extrêmes, la littérature de montagne représente la forme extrême de la littérature de voyage. Le contexte est très important dans les deux disciplines, et, pour reprendre l'esprit d'un célèbre aphorisme, une carte vaut tout autant que mille mots. Des contraintes d'encombrement ont limité nos fiches techniques à bien moins, mais nos cartes simplifiées au strict minimum illustrent le contexte des photographies et des textes. La majorité des amateurs de montagne et des grands voyageurs aiment penser à leur prochaine expédition : ils trouveront ici suffisamment d'informations de base pour poursuivre leurs projets avec des guides et des cartes plus détaillés.

La photographie de montagne est très gratifiante, et j'ai vraiment aimé effectuer une sélection dans mes archives dans la perspective de ce livre. À travers toutes ces photos, j'ai pu revivre des journées mémorables, faire renaître des émotions puissantes et évoquer des souvenirs enfouis depuis longtemps. La photographie est, de tous les arts, celui qui permet le mieux cette activation de la mémoire, et mon rôle consiste à l'utiliser pour communiquer ces sensations. J'espère y avoir réussi dans ce livre, aidé par des écrivains de grande compétence dont je respecte infiniment le travail.

John Cleare

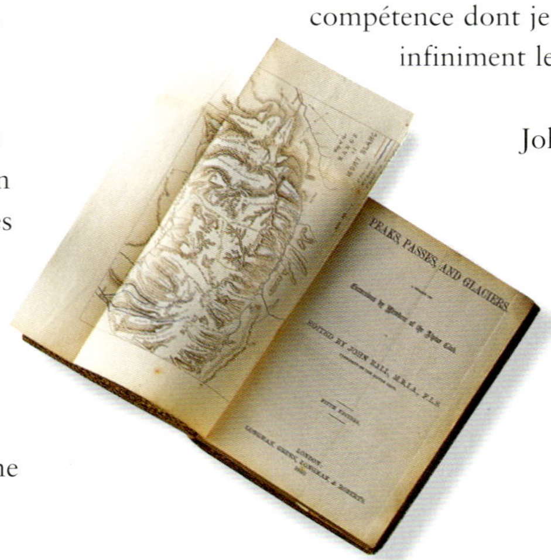

LÉGENDE DES CARTES

- *Sommet important*
- *Ville / Village*
- *Cours d'eau*
- *Route principale*
- *Voie ferrée*
- *Col*
- *Crête*
- *Lac*
- *Glacier*
- *Frontière*

Autour du Cirque de Gavarnie

Pyrénées

PIERRE MINVIELLE

« Au-delà, c'est l'Espagne. Des brumes stagnent dans le fond des vallons.
Sur la droite, j'aperçois le Vignemale, sous le sommet duquel
le comte Russell, l'explorateur des Pyrénées,
s'était fait aménager une demeure souterraine.
"Les Alpes étonnent, les Pyrénées séduisent",
écrivait ce grand amoureux de la chaîne. »

PAGE 10: en aval de la brèche de Roland, du côté français.

CI-CONTRE: vue de la tête de la vallée de Gavarnie, depuis la Hourquette d'Alans, vers le Vignemale (au centre à droite). On voit distinctement la vallée de Pouey-Aspé, qui mène au port de Boucharo, au centre à gauche. La brèche de Roland coupe l'horizon à l'extrême gauche.

CI-DESSOUS: le port de Boucharo est l'un des cols les plus faciles des Hautes-Pyrénées.

Début juillet, col des Tentes, dans le massif de Gavarnie. L'air est léger, lumineux. Il est 7 heures. Des écharpes de brume, nées de la nuit, rampent encore çà et là. De Gavarnie, invisible d'ici, montent les bruits du matin.

Tout à l'heure, à l'entrée du village, une odeur d'écurie flottait dans l'atmosphère. Pas de chevaux en vue; le fumet datait de la veille, souvenir des pauvres haridelles, montures de location proposées aux touristes désireux de visiter sans effort le Cirque qui fait la célébrité du lieu, voire des Pyrénées.

Machinalement, j'ai tourné la tête pour admirer les parois. Je savais bien pourtant qu'à cet endroit de la route seules les crêtes étaient visibles. Cimes des Astazous, pics du Marboré, de la Cascade, Tour, Épaule, Casque se découpaient dans le ciel encore pâle, comme pour me rappeler le programme de la journée. J'ai l'intention de faire le tour du Cirque par le versant extérieur des montagnes qui en forment la margelle. Il me faudra contourner ces grandes masses rocheuses en passant par la brèche de Roland, encore masquée par le pic des Sarradets.

Je fouille dans le désordre du coffre à bagages de ma voiture, écarte une corde, me pique à la pointe d'un crampon à glace, empoigne le sac à dos et le piolet. Cela suffira pour l'excursion d'aujourd'hui. Quand je me suis garé, sur le parking du col, un couple achevait ses préparatifs à côté de moi. La femme disait, montrant ses tennis: « Ça ira, comme chaussures ? » L'homme a eu une moue, celle de celui-qui-n'en-sait-rien. Ils sont partis d'un bon pas; direction: le col de Boucharo. Je ne tarde pas à les imiter.

D'abord, un petit tronçon de route désaffecté, une sorte de mise en jambes jusqu'au col. Je me retourne fréquemment pour contempler la cascade de Gavarnie. « La plus haute d'Europe », proclament les dépliants touristiques. Son mugissement parvient jusqu'à moi, en dépit de la distance. Merveilleux mélange de puissance hydraulique et de légèreté gazeuse! Parfois, le vent courbe sa trajectoire. Puis le filet vaporeux retombe à la verticale.

D'une manière générale, les Pyrénées ont le génie des cascades. Pour se faire une idée de leur force furieuse, il faut avoir vu, au-dessus de Luchon, la cascade d'Enfer à la fonte des neiges, lorsque son flot emprisonné dans une gouttière de roc fait vibrer le granit sous des chocs réitérés. On revient en été à peu près au même endroit, et là une cascade laisse paraître au milieu de l'écume blanche un îlot verdoyant en forme de cœur, pareil à quelque mièvrerie commémorative gravée par des amoureux. Amateurs de cascades, montez au pont d'Espagne, au-dessus de Cauterets ; là, les eaux pleuvent en rideau dont la gaze soudain se noue, se torsade, se vrille en un bélier tumultueux, sauvage, dévastateur. Préférez-vous la calme rigueur de la géométrie, vous la trouverez à Ordesa, où des seuils minéraux rectangulaires, alternés de vasques glauques, règlent l'écoulement du río Arazas dans les Grados. « L'eau dans ces gorges est la mère de toute vie et la nourrice de toute beauté », proclamait Hippolyte Taine à propos des cascades pyrénéennes.

Col de Boucharo, « altitude : 2 270 m », annonce une pancarte. Fin de la route désaffectée. Au-delà, c'est l'Espagne. Des brumes stagnent dans le fond des vallons.

Le petit glacier de la Brèche, bande abrupte de névé, mène à l'imposante fente constituée par la brèche de Roland. De l'autre côté, le paysage change totalement, pour devenir sec et désertique.

Pause pour Ian Howell sur le col des Sarradets, au pied du glacier du Taillon. L'alpiniste approche du refuge des Sarradets, sur la droite. Vers l'est, le vide du cirque de Gavarnie et le pic du Marboré.

Sur la droite, j'aperçois le Vignemale, sous le sommet duquel le comte Russell, l'explorateur des Pyrénées, s'était fait aménager une demeure souterraine. « Les Alpes étonnent, les Pyrénées séduisent », écrivait ce grand amoureux de la chaîne.

Au col de Boucharo commence la véritable ascension vers la brèche de Roland. Imitant à distance le couple en espadrilles qui me précède, j'emprunte le sentier aménagé par le parc national des Pyrénées. Ce confortable boulevard pour piétons déroule ses grimpettes et ses replats entre un vallon qui descend à Gavarnie et les à-pics des Gabiétous et du Taillon. On progresse en sens inverse de la route désaffectée, mais sur l'autre rive du talweg.

Impossible de suivre ce chemin sans s'intéresser à la géologie. Le paysage n'est qu'empilements de strates, ondulations de couches sédimentaires, torsions, projections d'une sorte de fluide que l'on imagine visqueux et qui est pourtant de la pierre. Ici, Louis Ramond de Carbonière, le premier des pyrénéistes – c'était à l'époque de la Révolution –, conçut sa théorie sur l'origine sédimentaire des montagnes. Sans doute lui suffit-il d'observer le paysage éloquent et d'en tirer quelques conclusions convenables. Quant à la provenance marine des sédiments, l'une des originalités de sa théorie,

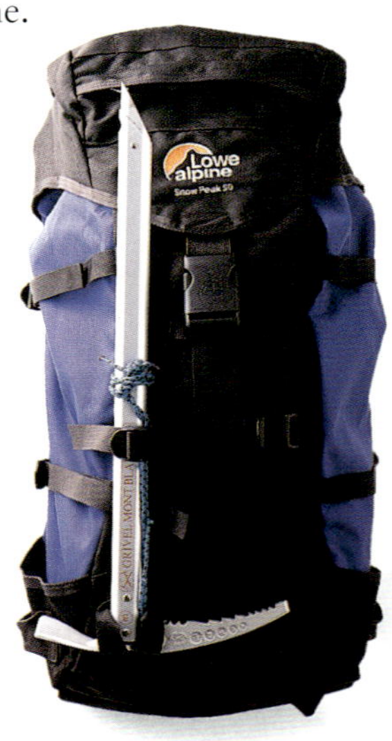

chaque rocher qui borde le chemin vient la confirmer, exhibant partout des fossiles d'huîtres et de coquillages divers.

Deux corneilles font des loopings tout près de moi, image de la sérénité qui baigne les montagnes aujourd'hui. Le sentier fonce vers les premiers névés. On voit de loin une langue de neige le recouvrir, coupant sur quelques mètres le boulevard à piétons. Une piste laissée par le piétinement des excursionnistes passés hier coupe la coulée blanche d'une traînée terreuse. Devant moi, le couple aux chaussures inadaptées s'est aventuré sur la trace d'un pas incertain. L'homme tient la femme par la main. Son geste ressemble à une invite : « Venez glisser, marquise ! » La marquise aux pieds mal chaussés dérape, pousse de petits cris, mais avance…

J'ai eu tout le temps de rattraper les deux malheureux. Nous marchons de concert. Ils m'apprennent qu'ils arrivent de la Sarthe, qu'ils visitent les Pyrénées. À Gavarnie, on leur a parlé de la brèche de Roland ; ils ont décidé d'y monter. L'inadaptation de leur équipement ? Ils comptent la compenser grâce à leurs qualités sportives. La traversée prochaine du glacier ? Ils ignoraient son existence. Cela ne fait rien. Ils n'entendent pas se « dégonfler » pour si peu.
Le sentier, de nouveau apparent, continue de monter. La pente augmente. Les plaques de neige font de nouveau leur apparition et oblitèrent le chemin. Vers le bas, la perspective se fait plus fuyante ; pas encore le vide, mais une raideur peu engageante. J'aide les deux aventurés à gravir un raidillon dans la neige encore durcie par le froid nocturne. Notre trio parvient ainsi à la cascade par laquelle le glacier du Taillon, situé au-dessus de nous, déverse ses eaux de fonte. L'homme hésite. La femme renonce. Nous redescendons le raidillon enneigé, la main dans la main, farandole hésitante, intimidée par le risque, jusqu'au sentier enneigé. Là, je prends congé du couple et reprends le cours de mon excursion, un instant interrompu.

Je franchis le déversoir givré, monte parmi les blocs formant le lit du déversoir, piétine la neige formant le front du glacier. Au-dessus de moi, la cuirasse de glace grimpe jusqu'à la Fausse Brèche, fermée à l'ouest par un doigt rocheux. Un léger voile empanache l'arête du Taillon. Le vent souffle là-haut.

Col des Sarradets. Une bise frisquette arrive du cirque de Gavarnie, de nouveau visible. Les grandes murailles dressent leur géométrie rigoureuse et noire au-dessus des banquettes immaculées, neige sur glace. Le Cirque se creuse, pareil à quelque gouffre énorme dont le fond reste invisible. Bientôt j'aperçois enfin la brèche de Roland. Devant la netteté carrée de cette béance en plein milieu du rempart sommital du Cirque, l'esprit peine à croire que ce portail n'est pas l'œuvre de l'homme ; il récapitule les dimensions pour se convaincre d'abandonner l'échelle humaine et adopter celle de la nature.

Au pied de la pente enneigée qui me sépare de la Brèche, le refuge du Club alpin offre son confort. Je m'attarde un instant sur

EN BAS : *le bivouac est le meilleur moyen de ressentir les humeurs variées de la montagne. Ian Howell prépare son dîner sur un replat herbeux en aval du mont Perdu. Dans ce paysage calcaire, il est difficile de trouver de l'eau.*

CI-DESSOUS : *le curieux dôme calcaire de l'El Descargador expose ses strates, sur le flanc espagnol en aval de la brèche de Roland.*

la terrasse, au soleil, face à l'inoubliable panorama. À côté de moi, un amateur de cinéma, Caméscope au poing, vise la Brèche et commente pour son micro : « On l'appelle la bréche de Roland. Roland, c'était le neveu de Charlemagne. Dans le coin, une légende prétend que le héros, avant de mourir à Roncevaux, a tenté de briser son épée contre un rocher. Figurez-vous que c'est le rocher qui céda, fendu, mes lapins, sectionné, ébréché ! Ç'a donné la bréche de Roland ! »

Je préfère repartir. Des groupes, qui ont dû passer la nuit au refuge, gravissent la pente glacée au-dessus de moi. Leurs traces forment une sorte d'escalier dont je profite. Au fil de la montée, régulière et facile, le cirque de Gavarnie semble ouvrir encore davantage ses précipices. La pente que l'on gravit paraît un havre privilégié.

L'arrivée à la Brèche est une épiphanie. Son ouverture n'est pas seulement l'« accident coliséen » que l'on voit depuis la plaine. Ce portail forme un seuil ; le franchir, c'est déboucher sur un paysage où tout bascule. Versant français, l'ombre, le gel, la glace ; versant espagnol, le soleil, la chaleur, l'immensité lumineuse. Je ne sais qui a dit « l'Afrique commence aux Pyrénées ». Vue de la Brèche, cette remarque devient une évidence. « C'est chauve comme l'Éthiopie ! » s'exclama Henry Russell, découvrant la tête pelée et calcinée des premières montagnes espagnoles que l'on domine depuis la Brèche. Vu de si haut, le fossé que creuse le canyon d'Ordesa semble fait pour accueillir le Zambèze plutôt que le maigre río Arazas qui y coule. Plus loin encore, passé le moutonnement bleu des sierras, à voir miroiter les eaux calmes de l'ébre, tout là-bas, dans la plaine d'Aragon, je me prends (presque) pour un Livingstone ou un Speck découvrant les Grands Lacs.

Pour aller de la Brèche (altitude : 2 807 m) au col du Cylindre (3 100 m), l'itinéraire habituel consiste à descendre jusqu'au plateau du Descargador (2 430 m), puis à parcourir le très large balcon de Millaris qui longe la lèvre

Nous avons descendu le flanc nord du col du Cylindre (la fente à l'arrière-plan, juste à droite du mont Perdu) pour arriver à une étrange vallée caillouteuse entre le mont Perdu et la crête représentant la frontière. Nous avons ensuite gagné le lac de Marboré, aux eaux froides et vertes.

supérieure des falaises d'Ordesa. On marche à travers une sorte de hamada pierreuse, environnée de cimes chauves qui accentuent encore l'impression de « djebels » sud-marocains. Par endroits, le regard plonge dans des abîmes qui s'appellent cirque de Salarous, cirque du Cotatuero, mais qui, vus d'en haut, laissent paraître la perspective fuyante de falaises couleur d'entrailles dominant d'épaisses forêts de conifères. Montant et descendant, cet itinéraire permet d'atteindre le plateau de Gaulis (2 300 m), où est construit un refuge. Ensuite, il faut regagner les 500 m perdus depuis la Brèche.

Voulant effectuer mon excursion dans la journée, j'ai opté pour un cheminement plus court. Longeant le pied de la falaise méridionale qui supporte le casque, puis la tour du Marboré, je suis une corniche qui va se rétrécissant. À droite, le vide. Quelques pas presque aériens pour atteindre le pas des Isards, au-delà duquel des entablements rocheux servent d'assise au Marboré et au Cylindre. En ce début d'été, une neige encore épaisse recouvre les crevasses qui gercent ici le calcaire. Mais, en cette fin de matinée, cette même neige commence à se ramollir, et moi à m'enfoncer à chaque pas. En dépit d'une progression momentanément pénible, je savoure ce moment. La solitude du lieu, ajoutée à

Le mont Perdu est le troisième sommet des Pyrénées par l'altitude. Nous sommes ici sur les pentes finales en aval du col du Cylindre au-dessus du Pequeño Lago Helado (le « minuscule lac gelé »). L'itinéraire habituel vers le mont Perdu emprunte le large creux au-dessus du lac. Ceux qui préfèrent une ascension plus sportive prendront la crête qui monte depuis le col, sur la gauche.

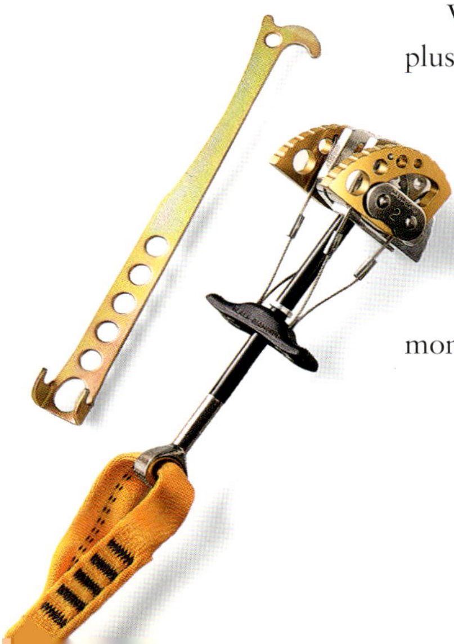

Il n'est pas aisé de trouver le bon itinéraire pour effectuer la descente vers le nord depuis le col du Cylindre. Des pentes abruptes de glace et de névé mènent à une succession déroutante de saillies rocheuses et de murs assez courts. On voit ici des cairns qui prouvent que quelqu'un est passé avant Ian Howell, dont le regard est dirigé vers le pic Blanc, à la frontière franco-espagnole, au-dessus de la tête de la Valle de Pineta.

l'immensité du panorama, engendre ce sentiment de plénitude qui est l'un des charmes de la montagne. Je rejoins ainsi sans trop de difficultés le sentier qui relie le refuge de Gaulis au col du Cylindre. Plus haut dans la pente, de jeunes Espagnols, une véritable troupe, atteint la crête visible. J'entends distinctement leurs cris, leurs rires, leurs chants. Bientôt, j'arrive à leur hauteur. Ils cassent la croûte. L'un d'eux me tend une gourde. « C'est du rioja ! » lance-t-il. Je fais gicler un filet de vin sur mes dents. Excellent. Mais je n'ai pas trop le temps de m'attarder.

Devant moi, à présent, l'étang glacé du mont Perdu gît au creux d'un champ de neige. Sa surface gelée se distingue mal des névés qui l'environnent. Un couloir neigeux grimpe au sommet du mont Perdu, dont la cime, vue d'ici, n'est plus qu'une grosse rotondité sans guère de prestige.

Le lac n'a pas d'écoulement apparent. Je sais pourtant que ses eaux infiltrées dans le calcaire se faufilent sous le Cylindre et sous le Marboré et revoient le jour à la résurgence Brulle, dans les hautes falaises du Cirque, où elles alimentent la célèbre cascade.

Pour ma part, je me contente de longer la paroi orientale du Cylindre pour franchir le col. Au-dessus de moi, les couches géologiques s'y tordent en de multiples replis. À droite, on commence à apercevoir la dégringolade étincelante des séracs qui couvrent la face nord du mont Perdu. Vue de profil, la cascade de séracs ressemble à quelque somptueux jabot de cristal plaqué sur un grand buste de marbre.

Par des banquettes de calcaire ocre entrecoupées de névés, je descends rapidement jusqu'au lac des Astazous. Sa nappe d'un vert presque noir est coincée entre la masse du mont Perdu et la barrière des Astazous. Des glaçons flottent à sa surface. En ce début d'été, contourner le lac réclame quelques précautions : les pentes enneigées qui le cernent sont instables, et il ne ferait pas bon plonger dans ses eaux glacées. Une grimpette brève mais raide me conduit à la brèche de Tuquerouye. Le refuge est fermé. Un long regard en arrière pour contempler le mont Perdu sous son aspect le plus noble, celui d'une cime altière, défendue par sa cuirasse de glace. « Larges et immobiles cascades », écrira Ramond. Telle fut la première vision qu'il enregistra lorsqu'il tenta pour la première fois de gravir la cime. Vision terrifiante pour l'époque (1797), et qui décida l'explorateur à chercher ailleurs une voie d'ascension moins incommode. Mais qui sait si le défi que la montagne lui avait lancé ce jour-là ne fut pas le moteur secret de toute son aventure ?
À présent, il me faut descendre le couloir de Tuquerouye. Il convient d'être prudent. Aujourd'hui, la neige porte bien. Mais sous la neige se cache la glace vive.

Au bas du couloir, un môle rocheux, la borne de Tuquerouye. Je m'arrange pour continuer à descendre sous sa protection, sans suivre le sentier par crainte d'une avalanche tardive. Puis voici de nouveau les chemins du parc national.

Une brume de chaleur nappe le vallon des Gloriettes. Du fond de cette mer de nuages monte un tintement de cloches, celles des vaches qui doivent brouter sous le brouillard. Toujours, les brumes des Pyrénées réservent des surprises. Témoin le morceau d'anthologie qu'elles inspirèrent jadis à Russell. « Derrière un gigantesque amoncellement de nuages sinistres et rouges comme la fumée d'un monde en feu, mille rayons d'or montaient au ciel en éventail comme si c'était à l'est que le soleil s'était couché. » Pyrénées, montagnes de brumes créatrices !

Il me faut encore regagner Gavarnie, puis ma voiture. L'après-midi est déjà bien avancé quand j'atteins la Hourquette d'Alans, ouverte entre le pic Rouge et le Piméné. Ensuite, la descente s'effectue parmi les pâturages des Cardous. Après

Depuis le col du Cylindre, vers l'est, le long du côté espagnol de la crête des Pyrénées. Le pico de Posets, deuxième plus haut sommet de la chaîne, se trouve au centre à droite ; le pic d'Aneto, que l'on ne distingue pas ici, est situé derrière lui.

quelques heures passées parmi la neige et le roc, j'ai plaisir à retrouver l'herbe, sa verdure, ses odeurs. Des marmottes sifflent pour se signaler mon intrusion. Plus bas, une dizaine de brebis, alignées en tirailleurs, broutent sans lever le museau. Tout là-haut, sur la crête du Cirque, de nouveau visible, la brèche de Roland ouvre son créneau sur l'Espagne et le rêve. À mesure que j'avance, je retrouve les pics contournés tout à l'heure : le casque, la tour, le pic de la Cascade, le Marboré, les Astazous. En moi, le bonheur d'avoir vécu un moment auprès d'eux ; et eux, impavides, marmoréens, indifférents. Comment expliquer l'amour pour ces montagnes ?

La descente n'en finit pas sur un chemin caillouteux qui zigzague entre les pins. Dans le bois du Pailla flotte heureusement une capiteuse odeur de résine.

Au vacarme du gave que je perçois depuis un moment s'ajoutent à présent des bruits de moteurs. Voici les premiers touristes qui arpentent le chemin du Cirque. Un 4 x 4 administratif cahote sur une piste raboteuse. J'ai regagné la « civilisation ». Il ne me reste plus qu'à trouver à Gavarnie une voiture pour remonter en stop au parking où j'ai laissé la mienne.

Le Cylindre, qui mérite bien son nom, domine le Pequeño Lago Helado dans le soleil du petit matin. C'est par les dalles situées à gauche de la zone à l'ombre que l'on arrive au Cuello, col situé entre le Cylindre et le mont Perdu.

PYRÉNÉES – FICHE PRATIQUE

PLANTONS LE DÉCOR

Frontière naturelle, culturelle et ethnique entre la France et l'Espagne, les Pyrénées sont une étroite chaîne de montagnes constituée principalement d'une crête de sommets d'altitude dominant les contreforts. Le pic d'Aneto culmine à 3 404 m, et on compte au total plus de cinquante pics dépassant les 3 000 m ; il existe par ailleurs plusieurs petits glaciers. Le granit forme plusieurs massifs, mais la plus grande partie de la chaîne est composée de calcaire ; celui-ci donne une topographie complexe caractérisée par des amphithéâtres ceinturés de falaises, des chutes d'eau et un important système de cavernes, de grottes et de cours d'eau souterrains.

Le développement de l'alpinisme s'est opéré de façon analogue à ce qui se passa dans les Alpes, mais la plupart des sommets ont été vaincus plus tardivement ; ces victoires sont à mettre au compte de notables français ou espagnols guidés par des chasseurs de la région.

L'ACCÈS

Même s'il subsiste des zones reculées, les Pyrénées sont depuis longtemps une région de loisirs très fréquentée ; comme partout ailleurs en Europe, la randonnée et l'escalade n'y sont pas réglementées. Il existe de nombreuses stations, principalement du côté français ; par ailleurs, Lourdes est un important centre de pèlerinage situé à une quarantaine de kilomètres de Gavarnie. La géographie rend moins aisé l'accès au flanc espagnol, mais on trouve également un certain nombre de stations de ce côté de la chaîne.

Les Pyrénées comptent par ailleurs plus de soixante refuges appartenant à des clubs alpins des deux pays ou à des parcs nationaux.

LA RANDONNÉE ET L'ESCALADE

La zone décrite ici bénéficie d'un bon réseau de chemins, dont un certain nombre relie des refuges d'altitude. Les itinéraires sont suffisamment variés pour répondre aux capacités de chacun. Il n'est pas nécessaire d'être très chevronné pour emprunter les trajets qui mènent à pratiquement tous les sommets. Les Pyrénées sont un véritable paradis pour les bons alpinistes, surtout quand ceux-ci combinent leur expédition avec de la randonnée. Mais on trouve aussi d'excellentes et nombreuses escalades de tous niveaux sur les crêtes et les murs des sommets escarpés, ainsi que sur les grandes falaises, par exemple celles du canyon d'Ordesa ou du cirque de Gavarnie (1 500 m). Il existe par ailleurs plusieurs itinéraires glaciaires classiques qui remontent aux années 1880, et les nombreuses cascades de glace offrent en hiver des escalades de très haut niveau.

Le pic d'Aneto est le plus haut sommet des Pyrénées. Gravi pour la première fois en 1842, il s'élance dans le massif granitique de la Maladetta, contrefort de la crête principale à plus de 40 km du mont Perdu.

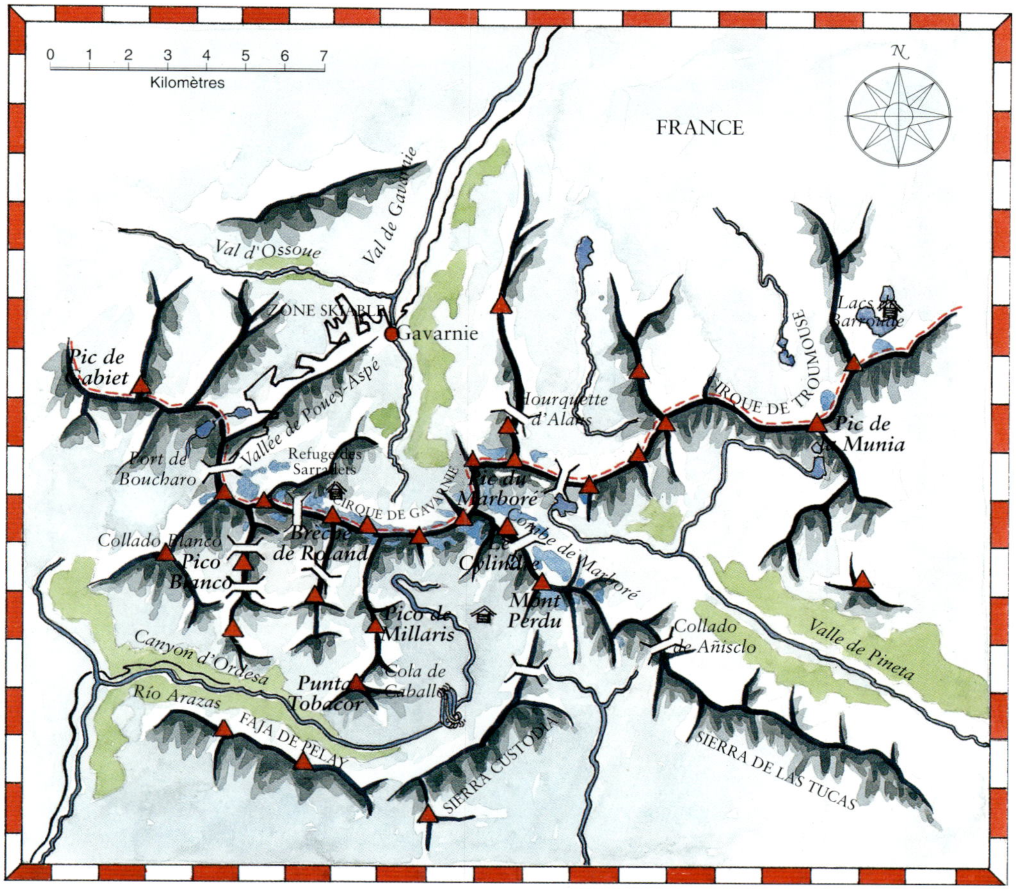

Pic d'Aneto	*3 404 m*
Pic Posets	*3 375 m*
Mont Perdu	*3 355 m*
Le Cylindre	*3 328 m*
Pic du Marboré	*3 248 m*
Taillon	*3 144 m*
Pic de la Munia	*3 133 m*
Pico Blanco	*2 904 m*
Brèche de Roland	*2 804 m*
Punta Tobacor	*2 780 m*
Pic de Gabiet	*2 716 m*
Pico de Millaris	*2 624 m*
Refuge des Sarradets	*2 587 m*
Hourquette d'Alans	*2 430 m*
Port de Boucharo	*2 270 m*
Gavarnie (village)	*1 370 m*

Le toit des Alpes

Alpes de l'Ouest

W. M. Conway

« Dans les Alpes, il existe peu d'ascensions qui soient aussi simples et aussi intéressantes que celle de la Jungfrau par le sud, pour peu que l'on comprenne la montagne. »

LE MONT BLANC

À 1 heure de l'après-midi, les guides s'activèrent. Quelques minutes après 2 heures, nous partions. Il ne nous fallut qu'un petit quart d'heure pour suivre les marches pratiquées par Carrel dans la soirée et que le gel avait transformées en un escalier aussi dur que de la roche. Nous émergeâmes donc sur une pente neigeuse facile, tandis que la lune, déjà dans son dernier quartier, était comme posée sur la crête du mont Blanc. À quelque distance au-dessus de nous, le glacier était traversé par des murs de glace comportant des pentes de décombres d'avalanche, autour desquels nous serpentâmes pour contourner les obstacles. Il fallait presque continuellement tailler des marches, mais les pentes n'étant pas à pic de petites entailles suffisaient. Bientôt, la faible lueur du jour qui pointait rendit inutiles nos lanternes. Des gris et de légers pourpres se mirent à envahir l'horizon, puis l'aube battit sur nos têtes de ses ailes roses et voici qu'apparut le jour doré, en armes, sur la marge de l'est.

Page 22 : camp sur le versant ouest de l'Eiger ; au second plan, la Jungfrau.

La gracieuse aiguille de Bionnassay, vue depuis les pentes du dôme du Goûter. On se trouve ici sur l'itinéraire habituel reliant le refuge du Goûter au mont Blanc. L'équipe de Conway serait passée très près de cet endroit après avoir atteint la crête au col de Bionnassay.

À mesure que les pentes devenaient de plus en plus abruptes et que la taille de marches se faisait progressivement plus pénible et plus lente, nous avions plus de temps pour regarder autour de nous et prendre conscience de la valeur de la régularité pyramidale du mont Favre, qui se détachait devant les étendues blanches et les successions de montagnes plus éloignées. Mais notre regard allait rarement aussi loin, car, à proximité immédiate, nous disposions de sites d'une fascinante beauté. Nous passions entre de profondes crevasses et des *schrunds* ouvrant à demi leurs paupières vers les cieux. Un névé de neige gelée tombait à verse sur tous les côtés entre des murs saillants de roche fendue. Parfois, nous gravissions des débris d'avalanche en nous servant des boules de neige gelées comme de marches commodes. Puis nous arrivâmes à une pente sévère où les murmures de brises naissantes furent réduits au silence par le crissement de la hache de Carrel.

Au sud, à l'horizon, des nuages en forme de dôme se levaient dans des courants d'air ascendants. Enfin, il nous resta à contourner une seule et unique crevasse glaciaire, qui, avec près de 50 m de large, tenait plus de la vallée que de la fissure ; puis de faciles pentes enneigées, interrompues par deux *bergschrunds* insignifiants, livrèrent accès au col sur l'arête reliant l'aiguille Grise à la crête sud du dôme du Goûter. Au bout de trois heures d'ascension du glacier, nous fîmes une pause d'un quart d'heure au-dessous de ce col pour prendre un petit déjeuner.

Page de droite : Ian Howell sur la face sud de la barre des Écrins, qui constitue le plus haut sommet du Dauphiné, et donc aussi le plus occidental des Alpes culminant à plus de 4 000 m. C'est exactement quatre-vingt-dix-neuf ans après la première ascension que nous avons découvert cette route mixte classique offrant roche, neige et glace. Elle est délicate en raison du rétrécissement du glacier et d'un champ de glace qui a pratiquement disparu. J'ai eu de la chance de ne pas être sérieusement blessé après des chutes de pierres ; nous avons dû nous résoudre à un misérable bivouac sur la descente et contempler les effets de ce réchauffement général.

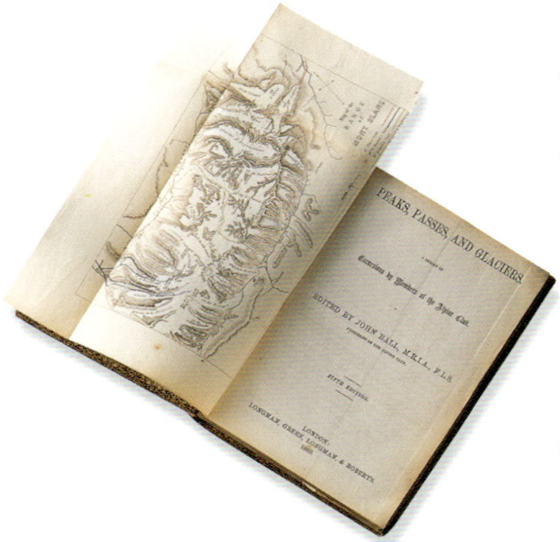

La lune se lève au-dessus des pentes nord du dôme du Goûter inondées pendant un bref moment d'un rougeoiement avant la venue de la nuit. Cette photo a été prise du refuge des Grands Mulets, où Conway passa en redescendant du sommet du mont Blanc.

Un vent froid nous surprit sur la crête. Nous nous en aperçûmes à peine au départ, car les efforts consentis pour notre progression nous tenaient chaud et, de plus, la beauté du panorama nous faisait oublier tout le reste. Le lac de Genève était divinement bleu et tous les reliefs étendaient au-dessous une brume pourpre. Le Dauphiné nous saluait aussi, comme la région que nous avions traversée – Ruitor et Sassière, Grand Paradis, Levanna, Grande Casse, mont Viso…

Une arête neigeuse de largeur confortable nous mena en quelques minutes au point de jonction avec celle de l'aiguille de Bionnassay, dont le bord élancé s'éloignait avec grâce. En trois quarts d'heure, nous avions atteint l'étroite crête où, sous l'effet d'un orage soudain, le comte Villanova et ses guides sont morts foudroyés; leurs corps n'ont jamais été retrouvés dans la profondeur du glacier en aval. Aujourd'hui, en revanche, le vent, bien que frisquet, n'était pas assez puissant pour compromettre notre sécurité. D'ailleurs, il faut dire que l'arête, à son point le moins large, n'est pas si étroite que cela. Si elle n'était pas restée dans les annales, nous l'aurions dépassée sans la remarquer.

L'atmosphère se chargea de vapeur et prit une teinte plus riche. Des troupeaux de nuages broutaient les vertes collines, et le lac de Genève s'était dissimulé sous un nuage pourpre. La neige cédait parfois la place à la glace, ce qui retardait notre progression et rendait pénible la taille de marches; ce fut tout particulièrement le cas quand nous atteignîmes le flanc du Dôme. Là aussi, le vent se leva et nous cingla sauvagement quand, à une heure et quart du col de Bionnassay, nous émergeâmes sur le large col par le Dôme, à vingt minutes des deux refuges de M. Vallot. L'un d'entre eux sert aux alpinistes de passage, l'autre est occupé par son propriétaire. Cette dernière construction comporte un observatoire depuis lequel a déjà été réalisé un excellent travail scientifique. Il dégage une plus grande impression d'activité que le refuge du sommet, copie édifiée par M. Jansen, et qui n'aurait pu être menée à bien si les ouvriers n'avaient bénéficié des commodités du refuge Vallot. M. Vallot est donc à l'évidence dans le vrai quand il proclame être le pionnier en matière d'observatoire du mont Blanc.

Nous nous abritâmes quelque temps derrière la cabane et abandonnâmes là nos bagages. Laissant les autres bien au chaud à se reposer, Karbir, Aymonod et moi nous mîmes à tailler des marches sur la crête exposée des Bosses. Karbir mena en tête jusqu'au sommet en réalisant la taille vite et bien. Nous ne disposions d'aucune trace de prédécesseurs qui nous aurait permis d'abréger cette tâche. La vue s'élargissait régulièrement, mais pour autant la surface de terre visible diminuait sous les nuages, qui se rassemblaient l'un derrière l'autre en belles lignes allongées.

Le panorama, total, englobait maintenant les Alpes pennines et l'Oberland. Mais c'était les nuages qui nous fascinaient le plus: petits et regroupés à nos pieds, lignes de tourbillons d'un blanc doux tels des vagues qui se brisaient au loin sur un large rivage peu profond, avec du bleu au-dessus et au-dessous. Vers le sud, crémeux dans le soleil et le lointain, s'élevaient des cumulus en dôme au-dessus des Alpes maritimes. Tout avait l'air immobile, et pourtant, j'imagine, le vent activait vraiment l'air et tout ce qui s'y trouvait en suspension. Sur un quart de sa hauteur, le ciel s'était défait de son azur vers la profondeur des vallées et était rayé tout autour de superbes lignes incroyablement nombreuses, comme les lignes d'un large

L'aiguille du Midi est la plus haute des célèbres aiguilles de Chamonix. Celles-ci sont constituées d'un groupe de sommets granitiques s'élevant à pic au-dessus de la ville, et représentent le centre incontesté de l'alpinisme moderne. On voit ici Bill O'Connor descendre l'un des pitons qui ornent l'éperon des Cosmiques ; cette escalade est très appréciée à juste titre, car elle est facile d'accès grâce au téléphérique qui mène les touristes jusqu'au sommet.

spectre solaire, et chaque bordure représentait une nuance chromatique différente. Nous revînmes en une demi-heure seulement au refuge Vallot, reprîmes nos affaires et partîmes pour Chamonix par l'itinéraire classique. Alors que nous descendions vers le Grand Plateau, la neige commença à devenir molle, sans jamais être vraiment mauvaise. Nous contournâmes par la gauche la crevasse située en aval du Plateau, descendîmes aisément les Grands Montets ; puis nous nous pressâmes de traverser le Petit Plateau, où sont morts bien des gens et où d'autres mourront encore sous les avalanches de glace qui, de temps à autre, dévalent des falaises du dôme du Goûter et balayent toute la largeur de la partie traversable. La pente abrupte des Petits Montets était trop meuble pour que l'on puisse la descendre en glissade ; arrivés en bas, nous dûmes progresser avec difficulté puis traverser la zone de crevasses sur la route des Grands Mulets. Là, sans traces pour nous guider, nos compagnons furent habiles et chanceux, et en une heure trois quarts depuis le départ du refuge Vallot nous atteignîmes le bord des rochers de la célèbre cabane des Grands Mulets, à 3 051 m. Et nous nous réjouîmes de la trouver occupée.

Le tout début de matinée est un moment magique dans les Alpes. On voit ici le Wetterhorn : on considère que c'est son ascension par sir Alfred Wills en 1854 qui inaugura l'âge d'or de l'alpinisme. Ce sommet se trouve à plus de 1 600 m au-dessus du col ombragé de la Grosse Scheidegg, situé à la tête orientale de la Lütschental, qui est la vallée de Grindelwald. Mon compagnon d'escalade se trouve sur le Mittellegi Hörnli, étroit replat sur la crête nord-est de l'Eiger, appelée aussi crête du Mittellegi. C'est en général de là que commence cette célèbre escalade.

LA JUNGFRAU

La lueur de la lune qui baissait découpait dans l'obscurité les silhouettes des sommets blancs ; mais l'astre avait disparu lorsque nous nous mîmes en route, et seules les lanternes de deux groupes qui nous précédaient d'une heure et demie scintillaient au loin comme des étoiles orange sur le relief plongé dans le noir. Le silence régnait dans l'air immobile. Descendant un ravin jonché de pierres, nous pénétrâmes sur la glace et traversâmes le glacier du Grünhorn, que nous allions gravir le lendemain jusqu'au col, à son sommet.

La neige fraîchement tombée sur la glace n'était pas suffisamment gelée pour pouvoir supporter notre poids, mais ce désagrément fut de courte durée. En aval de la base du large champ de glace nommé Ewig Schnee Feld, alors que nous remontions le flanc gauche de la Jungfrau Firn, la surface neigeuse se raffermit et craquait sous nos pas. Dans cette région, montagnes et glaciers sont parés de noms superbes : la Jeune Fille, le Moine, l'Ogre, le pic de l'Aigle sombre, l'Aigle brillant, le pic des Tempêtes, le pic de la Terreur, le champ des Neiges éternelles. C'est décidément bien plus beau que le mont Jones ou le mont Mackenzie !

La Jungfrau (la « Jeune Fille ») mérite bien son nom. Elle fait partie de l'Oberland bernois, important rempart faisant face aux Alpes bernoises. On en voit ici le flanc nord, à partir des prairies de la Kleine Scheidegg.

La partie supérieure du névé de la Jungfrau tombe en terrasses onduleuses depuis les pics et crêtes qui l'entourent. À chaque courbe, on rencontre de nombreuses crevasses ouvertes ou recouvertes qui doivent se négocier avec précaution. Des cris perçants provenant de l'un des groupes que nous avions laissés derrière nous indiquèrent qu'un homme avait chuté dans un trou et qu'on était en train de l'en sortir. Mais ces hurlements n'avaient pas de raison d'être, car le danger n'existait pas, et revenir sur nos pas aurait été abuser de nous. Néanmoins, nous fîmes une halte et attendîmes d'avoir la certitude que tout était rentré dans l'ordre. En montagne, la nervosité des novices représente un danger, surtout quand ils sont menés par de mauvais guides, ce qui était le cas présentement. Quand il est compétent et prudent, un guide tombe rarement dans une crevasse : il la déniche, et l'évite. Cela prend certes un peu de temps, mais cela vaut mieux que d'être obligé d'avoir à sortir quelqu'un de ce genre de piège.

Les premières lueurs grises annonciatrices de l'arrivée de l'aube, qui rendaient inutiles nos lanternes, semblèrent monter simultanément de tous les points de l'horizon. Il s'écoula peu de temps avant qu'un lit de lumière orange ne vienne colorer le ciel au sud-est. Quand nous atteignîmes le niveau le plus élevé du glacier, un peu au-dessous du col de la Jungfrau, et

alors que nous tournions vers l'ouest, la montagne rosit légèrement tout à coup sur toute sa face rocheuse, puis pâlit, rosit de nouveau, et finit par prendre une teinte dorée; elle brilla ainsi quelques minutes dans une auréole singulière, avant l'avènement de la lumière blanche du jour. Aymonod se montra enjoué pendant toute la matinée, ce qui était inhabituel chez lui: son amour pour les glaciers trouvait ici de continuels motifs de satisfaction visuelle: « Mon Dieu! Quelle beauté! Quelle beauté! » s'exclamait-il sans cesse. « N'est-ce pas un plaisir de marcher ainsi? Il n'y a vraiment pas de difficulté pour un alpiniste, mais la difficulté n'est pas tout. Regardez les aiguilles de Chamonix, par exemple: elles sont assez difficiles à gravir, mais le point de vue y est misérable. Ici, au contraire, il y a de la beauté de quelque côté que l'on se tourne. »

CI-DESSUS: *lumière vespérale sur les aiguilles de Chamonix, admirée à partir des moraines anciennes en aval du glacier des Nantillons. On distingue à gauche les Charmoz et le Grépon, Blaitière au centre et, à droite, l'aiguille du Plan, les Deux Aigles, les Pèlerins et le Peigne.*

CI-DESSOUS: *l'approche du Rottalsattel à partir de Concordia passe par ce névé de la Jungfrau d'où un couloir à pic traverse les grands séracs, qui sont ici déjà baignés par la lumière de l'aube. C'est l'itinéraire qu'emprunta Conway lorsqu'il réussit l'ascension de la Jungfrau.*

Dans les Alpes, il existe peu d'ascensions qui soient aussi simples et aussi intéressantes que celle de la Jungfrau par le sud, pour peu que l'on comprenne la montagne. Immédiatement au sud de ce pic se trouve un col enneigé, le Rottalsattel; au sud de celui-ci, c'est le Roththalhorn, bosse rocheuse qui dirige une crête de neige vers l'est dans le glacier. Entre celle-ci et la crête nord-est de la Jungfrau est dissimulée une baie profonde, ou plutôt un théâtre, avec des murs et un plancher constitués de la plus pure des neiges: une charmante retraite pour les fées des glaciers, sans point de vue sur le monde d'en bas. Des falaises de glace menacent de chaque côté et lâchent des avalanches de temps à autre. À leur extrémité, une pente raide monte jusqu'au Rottalsattel; je devrais me rappeler qu'elle peut parfois présenter

Le sommet de la Jungfrau environné d'une mer de nuages. Cette photo a été prise à partir du sommet du Mönch (4 099 m), au nord-est.

des conditions dangereuses, et que l'ascension ou la descente pourraient plus facilement s'effectuer par la crête blanche dont j'ai fait mention plus haut, et qui peut aisément s'atteindre par le Sattel ou encore par le névé, en aval. Je crois que, certaines années, c'est la route que suivent généralement les guides de l'Eggishorn.

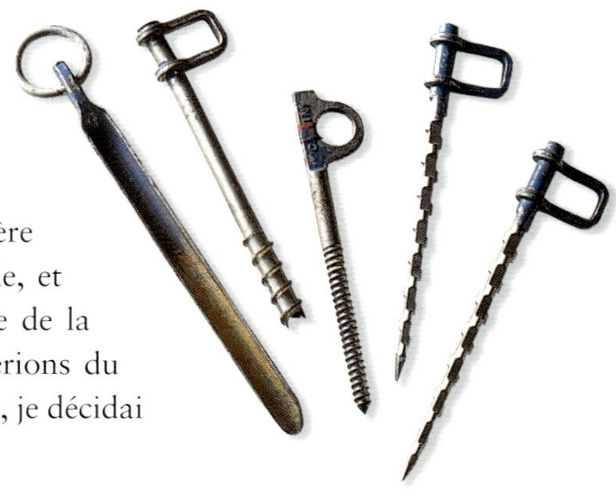

Nous continuâmes notre montée, franchîmes en haut de la pente un *bergschrund* par un bon pont de neige et gagnâmes un petit plateau enneigé situé juste au-dessous du Rottalsattel, protégé du vent du sud-est qui soufflait sur le col. C'est là que nous fîmes notre première halte, quatre heures après avoir quitté le refuge pour une marche facile, et nous étions parfaitement heureux et à l'aise. Nous avions tout le reste de la journée pour nous, le panorama était superbe; plus haut, nous trouverions du vent. Comme c'était Aymonod qui avait taillé les marches jusqu'à présent, je décidai

Tess Burrows et Clive Booth sur les pentes supérieures de la crête sud de la Jungfrau, en amont du Rottalsattel. Cette portion est très exposée et fréquemment tapissée d'une glace dure et bleue : Conway lui-même en fit l'expérience. Sur cette photo, prise à la fin de la saison, en septembre, on distingue le Finsteraarhorn, qui s'élève au-dessus d'une mer de nuages caractéristique de l'automne alpin.

que les guides des autres équipes tailleraient sur l'arête. Nous nous arrêtâmes deux heures pour les laisser passer, puis commîmes l'erreur de les suivre de trop près. Ils n'étaient pas expérimentés, et leurs guides, avec sagesse sans aucun doute, leur taillèrent un escalier aux marches profondes comme un fauteuil.

Un tel travail dans une glace bleutée progressait forcément avec lenteur. Derrière eux, notre impatience était mise à rude épreuve. Seule l'éducation d'Aymonod nous empêchait de les dépasser et de reprendre la tête. La méthode de progression de l'un de nos compagnons était très insolite. Son guide-chef, ayant élargi jusqu'à une taille grotesque les marches déjà très larges creusées par la première équipe, s'assit et hissa son employeur jusqu'à lui avec la corde. Puis il monta de cinq marches, répéta l'opération, et ainsi de suite.

Nous atteignîmes enfin la crête de rochers accidentés tout près du sommet, auquel nous parvînmes très peu de temps après, sous une brise qui nous gelait les

Crépuscule sur les sommets jumeaux du Schreckhorn et du Lauteraarhorn, vus à partir de l'Obermönchjoch, à l'ouest. Le Wetterhorn se trouve sur la gauche, au-dessus du bassin supérieur du glacier du champ de Neiges éternelles (Ewigschneefeld).

os jusqu'à la moelle. Nous fîmes une halte juste suffisante pour fixer dans nos mémoires le petit bout de la vue qui ne se distinguait pas à partir de l'arête.

La Jungfrau offre l'un des points de vue les plus renommés des Alpes, et cette réputation est méritée à bien des égards. Le panorama bénéficie d'une parfaite composition, car les grandes chaînes que l'on distingue sont concentrées en groupes. De là, le mont Blanc paraît plus imposant que de bien des sommets plus proches. Cela étant, l'effet d'un panorama dépend fortement du premier plan, qui occupe les neuf dixièmes de la vue. À un simple coup d'œil sur une carte, on voit que la Jungfrau est singulièrement favorisée à cet égard, car elle est située en bordure de la région des lacs et de collines boisées dont Interlaken est le centre, et de l'autre côté elle donne sur les plus grands des glaciers alpins.

Malheureusement, comme le révèle un examen plus approfondi de la même carte, la Jungfrau n'est pas aussi bénie des dieux qu'on pourrait le croire. Du fait de ses propres replats, du Silberhorn d'un côté et du Schneehorn de l'autre, la vue ne peut plonger dans la vallée de Lauterbrunnen, et l'on perd une partie de Wengernalp ; par ailleurs, vers le sud, le glacier d'Aletsch est disposé de telle façon que sa longueur et sa splendeur se trouvent dissimulées. La position du pic suscite des attentes qui ne sont pas satisfaites. L'alpiniste espère contempler une splendide série de pentes à pic, neigeuses ou glacées, une vallée profonde et fertile, des lacs bleus au-delà, puis des collines boisées qui ondulent jusqu'au lointain. De l'autre côté, il s'attend à dominer le plus beau bassin de névé des Alpes, et à découvrir une grande rivière glacée qui en surgirait : ce serait d'une beauté tout à fait inhabituelle. Mais la chute n'est pas là. Les lacs sont en grande partie dissimulés, la zone neigeuse se voit médiocrement, les montagnes proches sont mal regroupées et de formes choquantes, et la rivière glacée disparaît trop précocément à

un détour. Peut-être la vue à partir du Mönch est-elle meilleure, encore que je pense que le Trugberg casse la courbe simple et sublime du glacier d'Aletsch.

Notre descente du col jusqu'au refuge se fit sans événement saillant. Nous limitâmes le travail dans la neige molle en progressant aussi lentement qu'il nous plaisait, nous arrêtant tantôt pour boire dans des nappes d'eau ou des ruisseaux glacés, tantôt pour fumer une pipe et nous abandonner au plaisir du panorama, dont on a tendance à être inconscient dans cette chaleur d'après-midi. Nous parvînmes au refuge au bout de deux heures et demie d'une marche détendue ; nous y trouvâmes FitzGerald, encore plongé dans un sommeil réparateur, et Larden, qui était revenu depuis longtemps d'une ascension réussie du Finsteraarhorn mais effectuée dans le froid. Revenant de l'Eggishorn, nos hommes apportaient le nécessaire pour la soupe et d'autres éléments de confort matériel. Nous nous retirâmes de bonne heure sur nos couchettes pour passer une bonne nuit, qui fut troublée, mais pas de façon déplaisante je me dois de le dire, par le battement de la grêle sur le toit.

Une cordée montant les pentes faciles du glacier du champ de Neiges éternelles, en direction de l'Obermönchjoch, large col situé entre le Mönch et le Trugberg, que l'on voit ici.

Panorama des Alpes bernoises, vues du sommet de la Jungfrau. On aperçoit sur la gauche les faces nord de l'Ebnefluh, du Mittaghorn, du Grosshorn et le Lauterbrunnen Breithorn. Le sommet ensoleillé au centre est celui du Tschingelhorn. À droite, au plus près de la ligne des pics, le Gspaltenhorn; on voit ensuite, chacun présentant au nord une face de glace, les sommets suivants: Blümlisalp, Doldenhorn, Balmhorn et Altels. À l'horizon, les Alpes pennines – Cervin, Weisshorn, dent d'Hérens et dent Blanche. Le Grand Combin et le mont Blanc se trouvent au centre de la ligne d'horizon.

ALPES DE L'OUEST – FICHE PRATIQUE

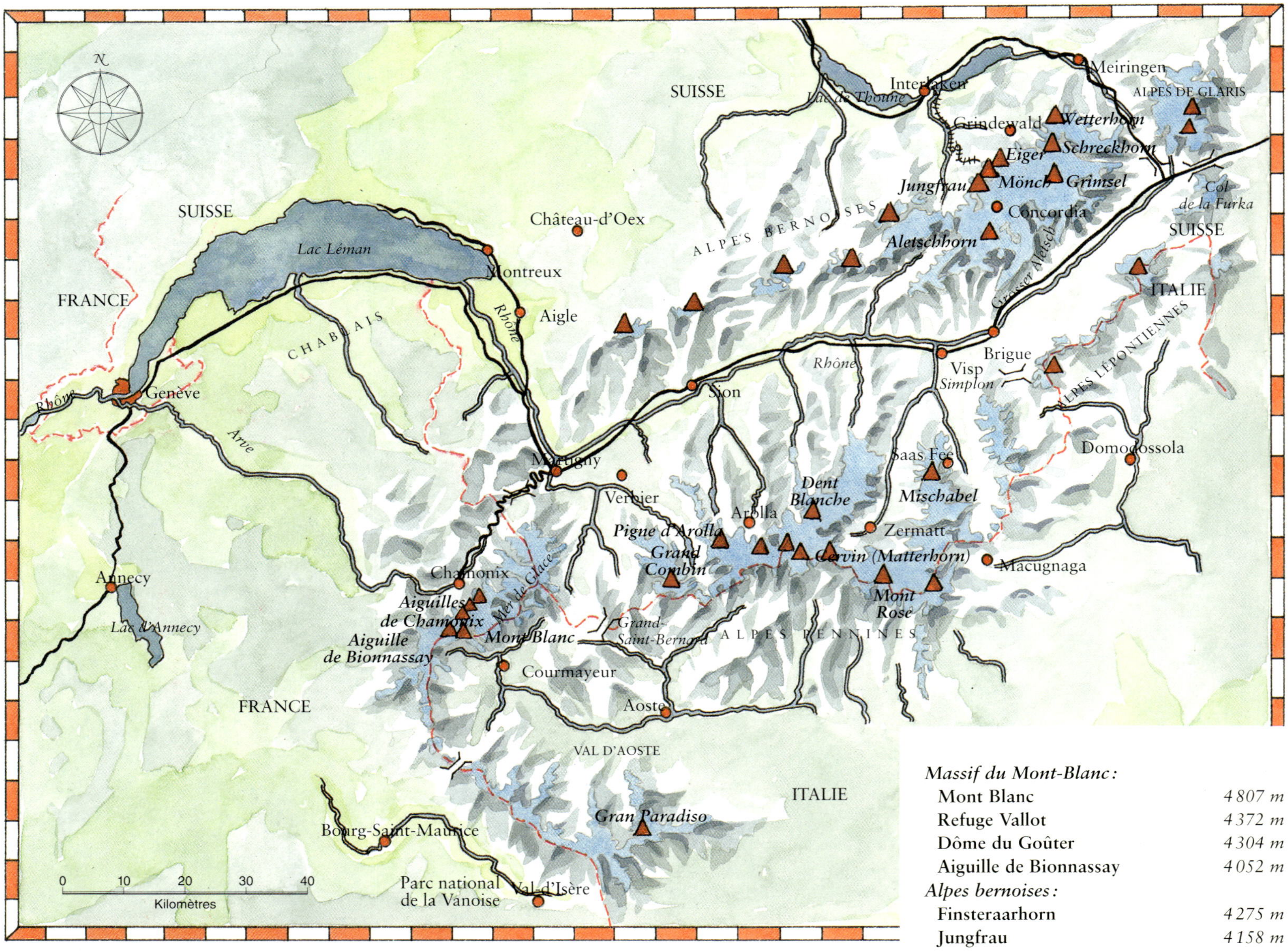

Massif du Mont-Blanc :	
Mont Blanc	*4 807 m*
Refuge Vallot	*4 372 m*
Dôme du Goûter	*4 304 m*
Aiguille de Bionnassay	*4 052 m*
Alpes bernoises :	
Finsteraarhorn	*4 275 m*
Jungfrau	*4 158 m*
Schreckhorn	*4 078 m*
Eiger	*3 974 m*
Wetterhorn	*3 704 m*
Alpes pennines :	
Cervin (Matterhorn)	*4 478 m*
Dauphiné :	
Barre des Écrins	*4 101 m*
Alpes graies :	
Gran Paradiso	*4 061 m*
Vanoise :	
Grande Casse	*3 852 m*

PLANTONS LE DÉCOR

La chaîne des Alpes, qui naît derrière Monaco au niveau du littoral méditerranéen, se déploie en un arc de cercle bordant l'Italie du Nord et vient se fondre dans les Balkans, au bout de 1 000 km. Cette chaîne comporte des dizaines de massifs et de nombreux plissements. Sa partie occidentale se situe en France, en Suisse et en Italie, qui se trouvent à l'ouest et au sud des cols du Simplon et de Grimsel. Les Alpes comptent 52 sommets qui tous, à l'exception d'un seul, atteignent plus de 4 000 m d'altitude ; la plupart d'entre eux dominent des glaciers. Les chaînons les plus grands et les plus importants sont le massif du Mont-Blanc, les Alpes pennines et les Alpes bernoises. Ils constituent le lieu de naissance de l'alpinisme, entre 1854 et 1865, période qui en constitua l'âge d'or. C'est en effet celle où des hommes téméraires et leurs

L'été apporte avec lui le renouveau avec l'arrivée de randonneurs à skis venus redécouvrir les Alpes. Après avoir passé la nuit en chemin, les skieurs de randonnée montent vers le glacier de Tsena Refien puis le col de la Serpentine et les pignes d'Arolla, étape sur la célèbre Haute Route reliant Chamonix à Zermatt.

guides locaux atteignirent pratiquement tous les sommets les plus importants. Depuis, les Alpes sont le creuset de l'alpinisme mondial et le domaine emblématique du ski, aussi bien alpin que de randonnée.

L'ACCÈS

Les sports de montagne sont une activité nationale en Suisse, en France, en Italie, en Autriche et en Allemagne. Il n'existe pas de formalités particulières pour se lancer à l'assaut des cimes ; il est conseillé de souscrire une assurance couvrant les frais de sauvetage et de s'inscrire à un club alpin, permettant un accès prioritaire aux refuges. Malgré l'altitude atteinte par les sommets, l'accès aux montagnes est aisé grâce à une excellente desserte par les transports publics, à un bon réseau routier, à des dizaines de stations de ski, à une prolifération des téléphériques et à une chaîne complète de refuges répartis de façon stratégique et offrant un bon équipement, même dans des endroits insolites. Le tourisme est très développé : à titre d'exemple, la population de la Suisse double pendant la saison de ski. Depuis la naissance de l'alpinisme, chaque centre alpin dispose de son corps de guides de montagne, composé de professionnels hautement qualifiés. Ceux-ci peuvent mener des ascensions de tous niveaux et organisent également des circuits hors piste ou des randonnées pendant l'hiver.

Toutes les activités ci-dessus se pratiquent douze mois sur douze, de même que d'autres comme le parapente et le mountain-bike. La meilleure période pour effectuer une ascension dans les Alpes occidentales se situe entre la fin juin et septembre, le mois d'août étant idéal. Les randonneurs à skis ou à pied préfèrent la période printanière – avril ou mai. Mais en dépit de leur popularité, il ne faut pas oublier que les Alpes sont hautes, sauvages et dangereuses : les glaciers comportent des crevasses, les roches ne sont pas toujours bonnes et l'on n'est jamais à l'abri d'un orage.

LA RANDONNÉE ET L'ALPINISME

Pour les randonneurs, il existe tout un réseau de sentiers situés sous la limite des neiges éternelles. Souvent, le trajet est ponctué de refuges et croise des champs de neige et des glaciers moins dangereux. Les itinéraires sont généralement fléchés et font l'objet de bonnes descriptions dans des guides rédigés dans de nombreuses langues. Les alpinistes disposent d'un très vaste choix d'ascensions où chacun pourra opter en fonction de son niveau. On trouve des guides qui indiquent pratiquement tous les itinéraires possibles. Chamonix et le massif du Mont-Blanc constituent le cœur de l'alpinisme de haut niveau. Le site offre de très nombreuses remontées mécaniques, une roche granitique de grande qualité, une excellente glace en haute altitude ; en ville, il est possible de se procurer tout le matériel et l'équipement imaginables. Les Alpes bernoises, qui sont moins courues, gardent des valeurs plus traditionnelles.

La Contrée du Mystère

Western Highlands et Îles d'Écosse

W. H. MURRAY

« Je suis monté cent fois au sommet du Buachaille Etive Mor,
près de Glencoe. Dans mes moments de sentimentalisme
et d'imprudence, je suis porté à le considérer comme un vieil ami.
Mais en fait, je sais qu'à ma prochaine course le Buachaille
me surprendra pour la cent unième fois, et que l'ascension
ne ressemblera pas aux précédentes. »

PAGE 40 : premières neiges sur les Five Sisters of Kintall (« les Cinq Sœurs de Kintall »).

ALPINISME EN ÉCOSSE

Le désir d'explorer anime tous ceux qui aiment la montagne. La quête de l'alpiniste, c'est celle de la connaissance. Il se rapproche d'une vérité quand, enfin, il prend conscience qu'il ne lui sera jamais donné de connaître toutes les montagnes, pas sous tous leurs aspects, et ne possédera jamais totalement non plus son savoir-faire. Comme le philosophe, le véritable alpiniste peut désirer avec ravissement une éternité d'efforts, un épanouissement sans fin. Cela fait quinze ans que j'escalade, et j'espère continuer pendant quarante ans encore ; mais je sais déjà qu'à la fin de ma carrière je serai dans la même situation que maintenant, la même aussi qu'en ce jour béni où, pour la première fois, je posai le pied sur une montagne : les Highlands d'Écosse, qui se déployaient devant moi, terres inconnues.

C'est en 1934 qu'est né en moi ce désir ardent d'explorer les hauteurs : alors que, à l'époque, j'étais un citadin confirmé, je surpris par hasard les propos d'un alpiniste qui décrivait le week-end qu'il venait de passer sur l'An Teallach, dans le Ross-shire. Il évoquait une crête longue et mince, à 900 m d'altitude, avec sur chaque flanc des tours, des cimes, et de grandes falaises qui dévalaient jusqu'à des cirques profonds. De ces creux montaient des nuages évoquant la vapeur d'un chaudron, et de temps à autre des traits de lumière les ouvraient pour révéler des vallées, et des mers, et des îles éloignées. Cet alpiniste n'en dit pas plus, mais ses paroles eurent sur moi de profondes répercussions, car elles mirent au jour mes instincts d'explorateur. L'homme évoquait un monde étrange, nouveau pour moi, dont je n'avais même jamais rêvé, qui attendait d'être exploré. Or, à la différence

L'An Teallach, à environ 25 km de distance, par un jour d'hiver maussade, vu du Dirrie More à l'est, qui constitue en Écosse la principale ligne de partage des eaux. Le nom gaélique de cette hauteur signifie « forge » ; il est possible qu'il lui ait été donné en raison du nuage qui bout de façon caractéristique dans ses trois grands cirques ou de la lueur qui éclaire à l'aube les grandes falaises du Torridonian Red Sanstone.

Glencoe : sur la crête nord-est du Stob Coire nan Lochan (« le pic du cirque des Lochans »), qui culmine à 1 115 m d'altitude, une jeune formation rocheuse, Bidean nam Bian, sur le côté sud du Glen.

de bien d'autres rêves, celui-ci pouvait se matérialiser par l'action. C'est ainsi que, à la première occasion qui me fut donnée, j'allai jusqu'à l'une des rares montagnes dont je connaissais le nom : le Cobbler, à Arrochar. C'était une belle journée d'avril, et les sommets étaient tout enneigés. Quand, à Arrochar, à partir de la route, je levai les yeux sur ma première montagne, son sommet m'effraya par son caractère escarpé et sa blancheur aveuglante qui se détachait sur le bleu du ciel. Je ne parvenais pas à imaginer comment je pourrais gravir cette hauteur. Je pris un chemin suivant le cours d'un ruisseau, qui disparaissait vers un immense cirque sous les roches du sommet. Et ensuite ? Je ressentis une hésitation nerveuse quant à mon destin dans ces zones élevées. Si j'étais entré dans le sanctuaire du Nanda Devi, je n'aurais pas éprouvé davantage le pur frisson de l'aventure que quand je m'écartai du chemin pour attaquer ce versant nu.

CI-DESSUS : le Ben Lomond (974 m) est le plus méridional des Munros, ces hauteurs qui, au nombre de 284, culminent à plus de 900 m. Très prisée, cette montagne offre une course honnête et de très beaux points de vue ; elle s'élève au-dessus des berges du loch Lomond, et est facilement accessible depuis la ville de Glasgow. On voit ici la section finale de la crête sud-est et le sommet à l'arrière-plan.

PAGE DE DROITE : à l'approche du sommet du Cobbler, appelé aussi Ben Arthur, par le pic sud ; en arrière-plan, le bras de mer nommé loch Long. Bien qu'il ne culmine qu'à 884 m, le Cobbler offre d'étranges formations rocheuses qui en font le plus apprécié des sommets des Alpes d'Arrochar.

Plus tard dans la journée, quand je pénétrai dans le cirque du Cobbler, je reconnus que je me trouvais effectivement dans ce qui, pour moi, représentait un véritable sanctuaire : un monde de roche, de neige et de glace qui brillait sous ce soleil de printemps et qui, tout du moins pendant un moment, riait nimbé dans le reflet et la lueur du bonheur du monde. Je me mis moi aussi à rire de ma soudaine prise de conscience de la liberté. Si j'avais tant soit peu réfléchi, j'aurais dit : « Voici un champ libre dans lequel rien n'est organisé, dans lequel aucune réglementation uniforme n'a cherché à rendre les choses sûres ou faciles ; un royaume où aucune loi n'a cours et où aucune barrière n'entrave les actions dictées par le cœur. » Mais je n'avais pas besoin de penser tout cela : je le sus instantanément, d'un seul regard qui englobait tout.

Et j'entrepris immédiatement de faire toutes ces mauvaises choses que dénonçaient si pertinemment ces gentlemen à barbe grise confortablement assis derrière leur bureau, au loin dans les villes. J'escaladai, seul, des pentes abruptes et enneigées. Sans piolet ni chaussures à crampons, sans carte ni boussole, sans vêtements chauds ni coupe-vent, et, ce qui est pire encore, sans compagnon, je montai dans la neige durcie, très vite et avec gaieté, jusqu'à ce que, presque arrivé au sommet, je me retourne et regarde en contrebas. Le cirque était bien loin maintenant, et des blocs de pierre noire dépassaient de la neige. Si jamais je glissais, ma chute se terminerait en m'écrasant contre ces blocs. Je progressai avec des précautions exagérées jusqu'à la crête reliant deux pics, l'un central et l'autre sud.

Après ce premier succès, transporté par une vague de joie, je franchis de hauts murs de roche inondés de soleil jusqu'au pic sud. Auparavant, j'avais toujours considéré la roche comme une masse terne. Or, celle-ci avait une beauté intrinsèque ; c'était une roche vivante, gris pâle, aussi propre que l'air, avec des stries de mica brillant et des cristaux blancs de quartzite. Ce fut pour moi un véritable plaisir de la manipuler et d'en sentir le grain rugueux sous mes doigts.

À proximité du sommet, l'étrangeté de ce nouvel environnement m'intimida quelque peu : de la roche nue, un espace illimité, un nuage brillant qui naviguait, et rien d'autre. Rien que moi et les éléments, et puis une connaissance de mon total abandon à Dieu et ma confiance en Sa providence, et la joie de le savoir. Je m'assis sur les rochers plats couronnant la montagne, et pendant une heure je digérai tout ce qui m'était arrivé. En arrivant là-haut, j'avais bien sûr gravement péché contre tous les canons de l'alpinisme, mais je ne le savais pas : j'en étais au stade de l'innocence la plus pure, de mon jardin d'Éden. Ce n'est que plus tard, après avoir cueilli la pomme de la connaissance, que je lus dans des manuels qu'il ne fallait jamais partir seul en montagne. Pour l'heure, je contemplais les sommets qui m'encerclaient massivement sous leur chapeau blanc et s'estompaient jusqu'à des horizons qui, telle de l'écume, ondulaient contre le ciel. Je ne connaissais le nom d'aucune de ces hauteurs, mais sans doute chacune méritait-elle d'être gravie au même titre que le Cobbler. La réalité de la brièveté de la vie revint m'habiter dans un soudain serrement de cœur. Quand même, ce qui allait me manquer en temps pourrait être en partie compensé par une inlassable activité. Et, à partir de ce jour, je devins alpiniste.

Le Sgurr a' Chaorachain (792 m) et son grand sommet, le Cioch Buttress (belle escalade), vu du Beinn Bhan voisin, au nord. À l'arrière-plan, derrière la silhouette de l'alpiniste, on distingue les Cuillin des îles de Skye et de Rhum.

Le Cairntoul (1 293 m) s'élève au-delà du Garbh Choir (le plus haut cirque de Grande-Bretagne) depuis Braeriach. On pense qu'il aurait conservé un vestige de glacier jusqu'au début du XVIII*e* *siècle.*

Rentré chez moi, j'appris dans des livres qu'il existait en Écosse 543 sommets culminant à plus de 900 m. Autrement dit, il n'était pas possible de les gravir tous en une année: cette pensée me frustra. Je reçus un livre dont j'avais attendu longtemps et impatiemment la publication. Comme un loup qui descend des montagnes poussé par la faim, j'engloutis les chapitres dans n'importe quel ordre: je commençai par la fin, prenant quelques bribes ici et là au milieu de l'ouvrage, ne pouvant maîtriser mon excitation. Je voulais tout savoir, tout de suite. À la fin, j'étais suffisamment épuisé pour me contenter de lire les chapitres dans l'ordre. C'est exactement le comportement que j'adoptai vis-à-vis des montagnes: la première année, je sillonnai seul toute l'Écosse, car je ne connaissais personne qui pratique l'escalade. À cette occasion, je n'aurais pas pu faire une meilleure approche de la façon d'aborder la montagne, de la manière la plus naturelle qui soit: avant d'entamer une escalade, je passais un été et un hiver à ne faire que de la randonnée. La varappe, en tant que sport et moyen de pénétrer les recoins les plus intimes, ne viendrait qu'ensuite. Je fis ainsi une large reconnaissance en gravissant plusieurs sommets dans les principaux secteurs montagneux. Cette étude préliminaire me donna un bon aperçu des très grandes différences que présentent les montagnes et me permit de comprendre ce que chacune avait à offrir.

Quand je quittai les plateaux onduleux et les calottes des Cairngorms pour des pentes boisées et des vallées escarpées, jusqu'aux crêtes pointues de Wester Ross insérées entre de sinueux lochs marins, j'eus la sensation étrange d'entrer en pays étranger; si elle ne tient pas à des changements matériels dans le paysage, cette sensation est partagée par tous. Quand je voyage d'Inverness jusqu'au Sussex, j'ai juste l'impression de m'être déplacé à l'intérieur de la Grande-Bretagne. Mais être à Wester Ross, c'est se trouver dans un autre monde, et un monde meilleur. De même, quand je quittai les sommets des Cuillin et les îles désolées de l'Ouest pour retrouver la lande onduleuse des Southern Highlands, je gardai un ardent désir du désert vertical. Entre des zones aussi différentes, Glencoe et Lochaber s'équilibraient assez bien. Ils avaient tout: pic, plateau, précipice, les crêtes les plus merveilleuses et une verte vallée, tout cela entre la plus sauvage des landes et un loch marin. C'était Bagdad et Samarkand, à la fois le foyer et le but du pèlerin.

Vue automnale dans la Nevis Gorge. Le sommet à l'arrière-plan est celui du Carn Dearg – Sud-Ouest, pour le distinguer des cinq autres Carn Dearg (« cairns Rouges ») que l'on trouve dans le massif du Nevis. Il s'agit d'une excroissance sur l'immense flanc sud du Ben Nevis, dont le point culminant est aussi celui de la Grande-Bretagne.

Ensuite, j'adhérai à un club d'alpinisme. Cette première année de vagabondages m'avait simplement montré que la liberté imposait de savoir dominer la roche et la neige par laquelle les montagnes se trouvent recouvertes plusieurs mois de l'année. En hiver, elles offrent des activités sportives et une beauté tout à fait différentes de celles de l'été: les sports sont plus difficiles à exercer, la beauté est plus simple et plus pure.

Les plateaux et les crêtes, les grandes falaises et les pentes enneigées, voici quatre facettes des montagnes d'Écosse. Aucune ne devrait être évitée, sauf les falaises si l'on préfère se contenter de marcher sur les sommets. Dans les Cuillin de l'île de Skye, les rochers ne sont pas une facette: ils sont les montagnes. Les falaises ne doivent pas être considérées comme telles: ce sont des cathédrales, avec un foisonnement de flèches, de tours, de tourelles, de pinacles et de bastions. Un homme peut y errer à volonté, explorer, s'aventurer, tester ses qualités de caractère et ses aptitudes, et ne faire d'autre conquête que celle de lui-même.

Avec l'expérience acquise au cours des années suivantes, je réalisai de plus en plus clairement que, même si j'explorais de fond en comble cette contrée inconnue que l'on appelle les Highlands d'Écosse, je ne parviendrais jamais à percer le mystère de l'Inconnu. Connaître véritablement une montagne, c'est la connaître aux quatre saisons, sur ses quatre facettes, aux quatre quartiers de la journée. Les combinaisons sont infinies, car les variations de neige et de glace, ou encore de conditions météorologiques, sont inépuisables. Une ascension de la face nord du Ben Nevis en hiver sera toujours une expérience unique. Si l'on fait le Comb d'Arran par un jour d'automne où il gèle, dans un air vif et immobile, et qu'au loin les landes s'embrasent de rouge sous une étincelle de givre, on ne reconnaît pas la montagne que l'on a connue dans des nuages qui filent et sous la grêle. Je suis monté cent fois au sommet du Buachaille Etive Mor, près de Glencoe. Dans mes moments de sentimentalisme et d'imprudence, je suis porté à le considérer comme un vieil ami. Mais en fait, je sais qu'à ma prochaine course le Buachaille me surprendra pour la cent unième fois, et que l'ascension ne ressemblera pas aux précédentes.

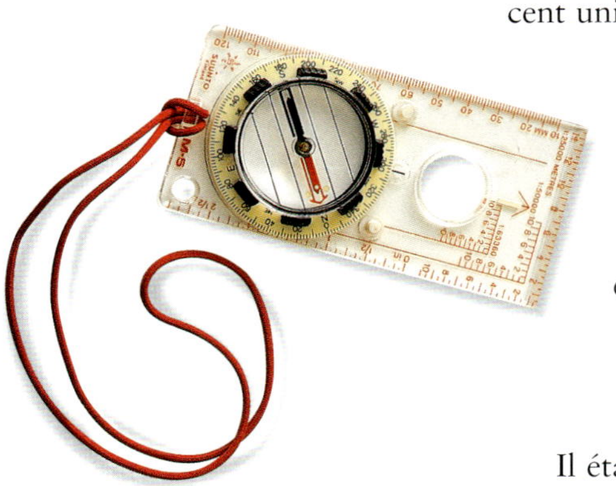

Des trésors de réalités encore inconnues attendent d'être découverts parmi des pics inaccessibles au bout du monde, mais aussi et plus encore sur les vieux sommets familiers qui se trouvent tout près de nous. La vérité, c'est que les montagnes permettent de se connaître soi-même ; et c'est la raison pour laquelle les hommes vivent vraiment quand ils escaladent.

VINGT-QUATRE HEURES DANS LES CUILLIN

Il était 9 heures du soir, à Glen Brittle. Le soleil de juin avait abandonné notre petit groupe de tentes nichées derrière un écran de genêts dorés, quelque part entre l'Atlantique et les Cuillin. Vers l'est, une main raidie avait tracé les sommets contre le ciel. Bien au-dessus de nous, le précipice brun de Sron na Ciche, qui, tel un caméléon, réagissait à chaque subtil changement d'ambiance, se teintait de rouge sang dans le crépuscule. Je regardai les lumières s'effacer des rochers et la brume

À l'approche du sommet du Carn Mor Dearg (« Grand Cairn Rouge »), qui culmine à 1 223 m ; il subsiste des plaques de neige alors que l'on est encore en été. Les deux randonneurs se trouvent sur la célèbre traversée de la crête via l'arête du Carn Mor Dearg. On voit sur la droite le sommet du Ben Nevis et son contrefort nord-est (550 m).

Avec ses 1 343 m, le Ben Nevis (« Ben Malicieux ») est le plus haut sommet de Grande-Bretagne. Il domine l'horizon nord sur cette photo hivernale prise de la Creise, dans le massif du Blackmount. Sur la gauche, la face est du Buachaille Etive Mor (« Grand Berger d'Etive »), qui garde le portail de Glencoe.

blanche du soir commencer à ramper autour des monts ; puis j'envisageai de dîner et de me retirer dans mon sac de couchage pour fumer une bonne pipe. C'était compter sans mon ami B.H. Humble : sa tête sommée d'un panama délabré émergea soudain d'une tente proche de la mienne. Lueur dans le regard, lèvres retroussées aux commissures, teint animé, tout indiquait qu'une idée venait de germer dans le cerveau de Humble : je le considérai avec une profonde suspicion.

« C'est une nuit idéale pour une escalade, hasarda-t-il.

– Eh, répliquai-je vivement, il n'y aura ni lune ni étoiles à cause des nuages, il va faire sombre et froid, toutes les falaises seront noyées dans la brume. À ce compte-là, n'importe quel temps est un temps à escalade. »

Mais Humble ne m'accordait aucune attention :

« On devrait s'y mettre, monter jusqu'à Coire Banachdich, nous reposer un peu sur la crête principale, puis continuer vers le nord de sommet en sommet.

– Et puis ?

– Laisse-moi donc faire… »

Et il regarda ailleurs d'un air très mystérieux. Je protestai :

« Le programme, c'est un repas chaud, une bonne pipe et un duvet moelleux. »

En fait, j'accordais à mon corps le privilège de parler librement. Mais déjà mon esprit était là-haut. Je tirai sur mes bottes…

J'avais entière confiance en Humble. Il fait partie de ces hommes qui débordent d'un mélange infini d'ingéniosité et d'énergie. Une escalade en sa compagnie offre toute la fascination d'un voyage surprise : on a toutes les chances de terminer non sur un sommet assez proche, mais à des kilomètres de tout, dans une forteresse montagneuse rarement visitée. Et si l'on part pour vingt-quatre heures, au moins l'on revient stimulé par la nouveauté et rompu d'épuisement. Il y avait une chose dont j'étais certain : le laconisme de mon ami cachait quelque chose de plus. Je le connaissais : ce que pouvait être ce plus, il me faudrait en attendre la révélation. Je remplis mon sac, pris une corde, et nous fîmes nos adieux à Maitland et à Higgin, les deux autres membres de l'équipe.

En juin, le crépuscule se prolonge tant à Skye qu'en général on peut faire de l'escalade jusqu'à 11 heures du soir. Mais la brume s'était préparée depuis une heure dans les cirques, et submergeait maintenant tous les sommets. Cela compliquait le choix de l'itinéraire à travers les éboulis et les blocs qui tapissent Coire Banachdich. Sur le mur qui s'appuie sur le cirque, une route en lacet livre facilement accès à la crête principale. Mais trouver cette route, dans la brume, et au coucher du soleil, c'était une autre affaire ; de fait, cela se révéla impossible.

Vue classique des Black Cuillin, dans l'île de Skye, à partir d'Elgol, derrière les eaux du loch Scavaig. La crête dentelée court sans discontinuer sur 13 km environ, à partir du sommet situé sur la gauche, le Gars-Bheinn (« montagne de l'Écho »), qui culmine à 895 m.

Nous escaladâmes, au hasard de Dieu, une hauteur considérable vers la crête, jusqu'à ce qu'une traversée impossible à éviter nous mène à une plate-forme carrée, semblable à un balcon. Le point de vue offrait un aspect spectaculaire tout à fait séduisant. Au-dessous de nous, les rochers plongeaient dans le noir ; au-dessus, ils se dressaient à pic dans les mystères de la brume. Nous décidâmes de bivouaquer en attendant d'avoir suffisamment de lumière pour pouvoir escalader en toute sécurité. Il y avait juste assez de place sur la saillie pour planter confortablement notre tente. En montagne, le terme confort, tout comme celui de difficulté, varie d'un individu à l'autre. Nous pouvions nous allonger complètement, en posant la tête sur une corde ou un sac à dos. La roche constituait un médiocre matelas et les nuages une couverture plutôt fraîche, mais, fort heureusement, j'ai la capacité de dormir quand je le veux, à toute heure et en tout lieu, et comme le dit le poète :

« La lassitude
Peut ronfler sur le silex, quand la paresse
Trouve dur l'oreiller de duvet. »

Humble me réveilla à 2 heures du matin. L'obscurité avait reculé de façon appréciable, mais nous étions toujours enveloppés de brume. Nous pouvions maintenant repartir, et en dix minutes nous parvînmes sur le bord de la crête principale, à environ 900 m d'altitude. Nous obliquâmes vers le nord et escaladâmes les trois sommets du Sgurr na Banachdich. Immédiatement après Banachdich, la crête décrit un grand arc vers le nord-est, première courbe du fer à cheval qui entoure Coruisk. La route à ce carrefour n'est absolument pas facile à trouver : quatre crêtes se ramifient avant de redescendre, et on a toutes les chances de suivre la mauvaise, d'autant que l'on ne peut se fier à la boussole, dont l'aiguille est faussée par la nature des roches du Banachdich.

Après une reconnaissance, nous vîmes à proximité le pic de Sgurr Thormaid, se projetant tel un crochet à venin de dragon à travers les banderoles de nuages sinueux. Vivement nous montâmes un versant et redescendîmes l'autre, sûrs maintenant que notre chemin était le bon. La traversée de la crête des Cuillin dans la brume constitue une expérience grisante. Puis le bord déchiqueté, pittoresque par temps clair, étonne l'œil par une succession de tours déformées, soudain menaçantes à travers les nuages, sinistres, aussi sauvages dans leurs contours qu'une créature de cauchemar.

À 3 heures du matin, nous atteignîmes le Sgurr a' Greadaidh. L'aube était bien avancée, et le soleil allait bientôt se lever. N'ayant que de la brume pour tout environnement, nous décidâmes, avant d'y voir plus clair, de faire une pause casse-croûte. J'avoue que je m'endormis de nouveau, roulé en boule sur une dalle doucement inclinée au-dessus de la falaise sud. Humble me réveilla peu de temps après, dans un état d'excitation tout à fait compréhensible. La brume descendait de tous côtés, et lentement, un par un, tous les pics du Cuillin dressaient leur pointe noire à travers une vapeur d'un blanc immaculé.

Jamais plus il ne m'a été donné d'avoir une vue aussi magnifique en été. Les nuages étaient maintenant uniformément à 750 m, altitude juste suffisante pour dissimuler les liaisons des crêtes et isoler chaque sommet, dessinant un fer à cheval de près de 10 km. Cette masse nuageuse formait ainsi une mer continue qui allait au-delà des Hébrides extérieures. Juste entre nos pieds, sa surface s'élançait et tournoyait comme si elle était mue par des tourbillons internes, se soulevant puis plongeant tels les rouleaux d'une houle en plein Atlantique. Au-dessus des cols submergés, l'Océan bouillonnait en un flux inextinguible.

Le ciel gris évoluait constamment vers une teinte bleuet et la roche noire vers une couleur de cendre. Pour bénéficier d'un point de vue encore plus beau, nous prîmes vers l'est jusqu'au Sgurr a' Mhadaidh. Nous en avions à peine atteint le sommet que le soleil se leva. En aval, dans le bassin de Coruisk, la surface des nuages s'enflamma subitement, comme si un prodigieux creuset était rempli d'argent brûlant. Les vingt tourelles des Cuillin, telles des îles cernées par une écume de feu, prirent une teinte rosée. L'ombre vira au cramoisi et, en l'espace de quelques minutes, les rochers présentaient toute la gamme chromatique des feuillages d'automne, « jaune, et noir, et clair, et d'un rouge intense ».

Les Dubhs constituent la plus classique des courses de l'île de Skye. La partie la plus délicate est représentée par la descente à partir du Sgurr Dubh Beag (« Petit Pic Noir »), que l'on effectue généralement en rappel. Mon guide, Rusty Baillie, descend quant à lui à la force des bras, ce qui n'est pas particulièrement une technique à recommander…

Que dire de plus que ces simples mots ? Face à la beauté, l'esprit échoue misérablement et douloureusement, ne pouvant pas comprendre. Par bonheur, c'est précisément ce processus d'incompréhension qui permet d'en comprendre plus, car chacun d'entre nous porte en lui « la raison divine qui siège à la barre de l'âme », et dont la tête ne sait rien. Toutefois, j'ai plaisir à observer qu'ici, pour la première fois, éclata au-dessus de moi l'annonce d'une ultime réalité sous-tendant la beauté de la montagne. Et ici, pour la première fois, elle éveilla en moi une faculté de compréhension que je n'avais jamais exercée précédemment.

Humble avait flairé un panorama majestueux. Mais dans les heures sombres des environs de minuit, il n'avait même pas rêvé qu'il serait mené jusqu'à la terre promise par les nuages et le feu. Depuis lors, j'ai toujours pensé et prouvé à maintes reprises que les montagnes réservent leurs plus belles récompenses à ceux qui s'écartent du sens commun. On pourrait dire qu'elles récompensent la confiance par de la générosité. À Glen Brittle, nos compagnons ne virent rien d'autre en se réveillant qu'une couche basse de nuages gris acier ; et ne pouvant imaginer que les sommets étaient dégagés, ils s'apitoyèrent sur l'issue de notre escapade.

Une bonne partie des meilleures heures se passa sur Sgurr a' Mhadaidh. Vers 9 heures, le banc de nuages se rompit pour se dissoudre progressivement. Nous descendîmes jusqu'au col en aval de Bidein Druim nan Ramh, puis allâmes vers Coruisk par le Corrie of Solitude. Il restait à peine une volute de nuages au-dessus de nos têtes et, en bas, le loch Coruisk était d'un bleu roi ridé d'argent.

Après être passés à l'écart des éboulis du cirque, nous fîmes environ 3 km vers le sud, jusqu'à la jonction entre le ruisseau principal et le loch. Et là, j'ajoute mon témoignage à celui de Humble pour faire voler en éclats l'idée reçue d'un Coruisk lugubre. Le visage de l'Écosse a si souvent été falsifié par des écrivains en quête de mélodrame qu'il est difficile aujourd'hui de convaincre les gens de la réalité, l'auraient-ils sous les yeux. Le loch Coruisk n'est pas un endroit plongé dans l'ombre et dominé par des rochers : il bénéficie d'une situation assez découverte, dans la mesure où la crête principale des Cuillin se trouve à quelques kilomètres. Au printemps et en été, il est éclaboussé de soleil pendant une bonne partie de la journée. J'ai par ailleurs entendu prétendre qu'il n'y poussait aucune végétation sur ses bords : quant à moi, j'ai constaté, tout comme Humble, que les berges étaient semées à perte de vue de fleurs sauvages dont les teintes contrebalançaient le vert froid d'arbustes et de hautes herbes. On aurait pu s'imaginer transportés au pays de Xanadu, où « *... Deux fois cinq miles de terre fertile*

De murs et de tours étaient ceinturés,

Et il y avait des jardins où sinuaient des ruisseaux brillants ».

Quelques-unes de ces fleurs étaient rares, et Humble, qui est un botaniste accompli, fut largement gratifié par quelques spécimens carnivores.

Je suis mécontent quand je suis en montagne de ne pas faire d'escalade, mais les lochs et les cours d'eau forcent mon admiration, me poussent à m'y plonger et d'y nager, ce qui me permet d'en connaître plus encore le charme. En l'occurrence,

Faire les Dubhs consiste à effectuer la traversée de la longue crête est du Sgurr Dubh na da Bheinn (« Pic Noir des Deux-Sommets »), qui culmine à 938 m. Il s'agit d'une superbe expédition qui démarre au niveau de la mer, au bord du loch Coruisk ; on gravit ensuite un parcours d'environ 1 600 m de dalles et de glacis pour parvenir au Sgurr Dubh Beagh, puis on franchit le Sgurr Dubh Mor (« Grand Pic Noir », 944 m) pour atteindre la crête principale des Cuillin, au sommet du Dubh na da Bheinn. Posté sur le replat du Dubh Beag, Rusty Baillie domine le loch Coruisk. À droite, le loch Scavaig ; à gauche, le sommet du Bla Bheinn (« colline des Fleurs »), à 928 m d'altitude.

les conditions idéales étaient réunies, car le soleil nous avait largement chauffés après 6 km de marche. Sans nous consulter, nous nous déshabillâmes pour plonger, et ce bain constitua pour moi une expérience unique qui enchanta tous mes sens.

La morsure de l'eau glacée, au premier plongeon, chassa d'un coup les brumes léthargiques de mon esprit, et subitement le monde s'anima. Le cirque était rempli de soleil, le ruisseau chantait, rendu joyeux par l'éclat des couleurs et par la danse de la lumière sur le loch, rafraîchi par les senteurs des fleurs et l'odeur piquante des plantes. Je bus une gorgée de l'eau du ruisseau, dont le goût vif et doux charma mon palais. Ces sensations rassemblées dans mon esprit se fondirent soudain en une image de la beauté, que nous avions déjà saisie pendant cette heure suprême au Sgurr a' Mhadaidh. Et je sus enfin que la vraie Beauté, avec une majuscule, envahit chaque chose en fonction de sa nature, et que la beauté s'acquiert par participation ; que c'est dans la capacité à réaliser sa présence en nous que nous pouvons vivre pleinement. Huit ans après, l'extase de cette matinée est encore bien vivace en moi.

LES WESTERN HIGHLANDS ET LES ÎLES D'ÉCOSSE – FICHE PRATIQUE

PLANTONS LE DÉCOR

Les Highlands sont constituées par un plateau de roches précambriennes dont l'érosion glaciaire a donné des formes montagneuses très diverses et escarpées ; si elles manquent de stature, elles offrent une beauté et une atmosphère uniques, particulièrement dans l'ouest des Highlands et les îles d'Écosse, où la montagne est toujours très proche de la mer.

On estime qu'il existe en Écosse 284 Munros (montagnes séparées), et 287 autres culminent toutes à plus de 915 m. L'alpinisme y remonte aux années 1870, époque à laquelle des membres de l'Alpine Club découvrirent des sommets vierges sur l'île de Skye. Par la suite, la naissance de l'escalade de loisir fut marquée par l'ascension des falaises du Ben Nevis et du Glencoe par des membres du Scottish Mountaineering Club, fondé en 1889.

L'ACCÈS

Le réseau routier suit les principaux glens, en général orientés est-ouest ; de ce fait, on est pratiquement toujours à 15 km au plus d'une route. Le train arrive jusqu'à la côte en trois endroits, et des ferries font la navette avec les îles habitées. Récemment, un pont routier a été construit pour relier Skye. Il est possible de loger dans des auberges isolées ou situées en plein cœur des petits villages. Le camping est très pratiqué. Il n'y a pas de difficulté à accéder aux terres du National Trust ou du John Muir Trust, dont les zones évoquées par W.H. Murray. Dans les propriétés privées, le droit d'accès est traditionnel, mais randonneurs et alpinistes ne sont pas les bienvenus à la période de chasse au cerf à pied, au début de l'automne, et une autorisation doit être demandée sur place. Les meilleures périodes pour venir sont le printemps, le début de l'été et l'automne.

LA RANDONNÉE ET L'ESCALADE

La randonnée est possible sur pratiquement toutes les montagnes, et on peut faire de superbes expéditions grâce aux longues crêtes qui relient de nombreux sommets, comme les Five Sisters of Kintail ou les Mamores. Le Mungo Bagging est très apprécié, mais il existe bien d'autres sommets intéressants de moindre altitude. Seuls l'An Teallach et le Skye Cuillin exigent des compétences en alpinisme en été. L'hiver, la neige et la glace peuvent demander certaines aptitudes, ne serait-ce que pour utiliser le marteau-piolet et les crampons. Entre décembre et mars, le froid et un cycle de gel et de dégel donnent parfois une glace exceptionnelle et des possibilités d'escalade mixte mondialement réputées sur crêtes et falaises.

Bien que la varappe ne soit pas une tradition écossaise, elle est bien développée même si de longues marches d'approche sont souvent nécessaires pour accéder à des falaises spectaculaires.

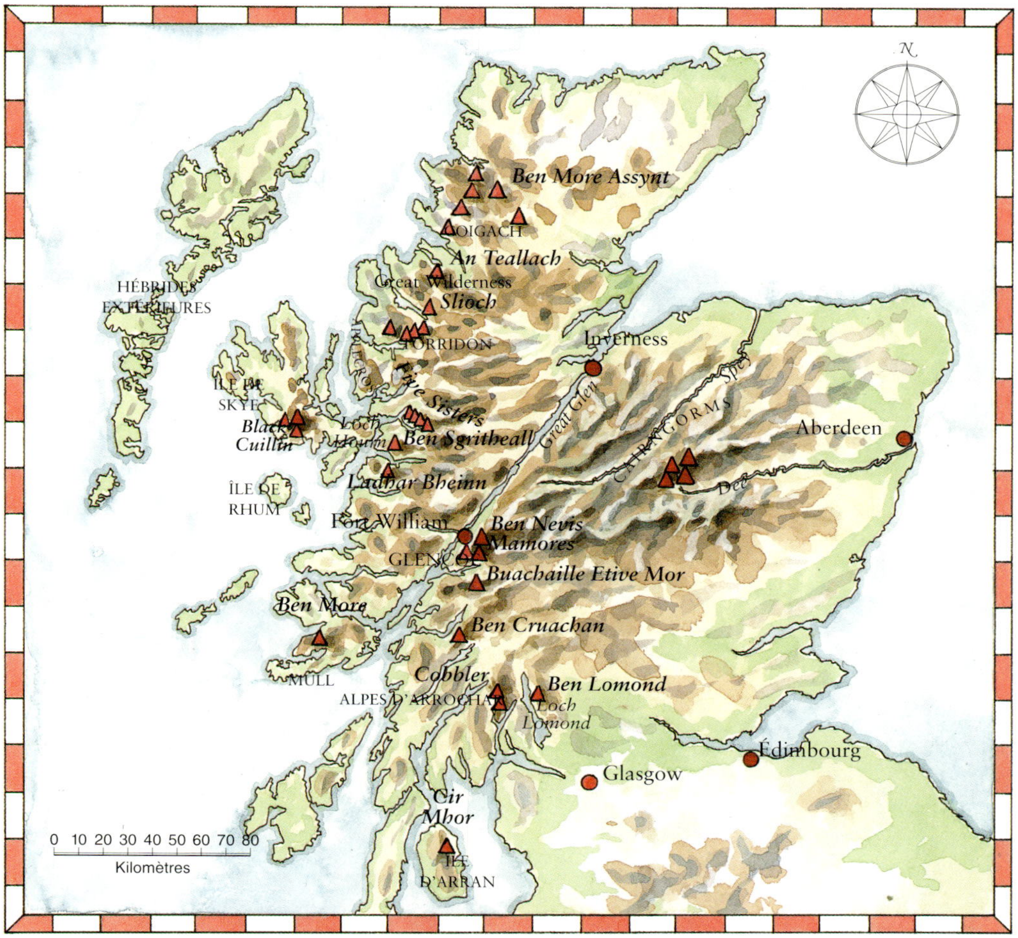

Ben Nevis	*1 343 m*
Ben Macdui	*1 309 m*
An Teallach	*1 062 m*
Buachaille Etive Mor	*1 022 m*
The Cobbler	*884 m*
Cuillin of Skye :	
Sgurr a' Greadaidh	*973 m*
Sgurr na Banachdich	*965 m*
Sgurr Thormaid	*927 m*
Sgurr a' Mhadaidh	*918 m*
Druim nan Ramh	*869 m*
Sron na Ciche	*760 m*

PAGE DE GAUCHE : *au cœur des Cuillin, dans l'île de Skye, le loch Coruisk, entouré d'une cinquantaine d'aiguilles dont la plupart dépassent les 900 m, est un parfait exemple de relief postglaciaire.*

La Lumière d'Autres Fois

Rocheuses Canadiennes

DAVID HARRIS

« Les précipitations de l'année précédente attendaient la chaleur de l'année suivante pour poursuivre leur course vers la rivière, dans le canyon au-dessous de nous, comme si le temps lui-même s'était arrêté sous l'effet du gel. Cela fait peut-être partie de l'attraction, de monter vers ce temps gelé : je me sentis exonéré des règles qui régissent et gouvernent l'univers, dispensé des joies et des peines qui jalonnent et mesurent l'existence humaine, empli jusqu'au débordement de l'intensité de ce moment. »

Le mont Robson est le roi des Rocheuses canadiennes ; le glacier Berg coule de la face nord jusqu'au lac Berg. C'est sur ses rives que nous avons bivouaqué quand nous sommes redescendus de la face Kain.

PAGE 56 : *vue du lac Kinney et de Whitehorn Mountain.*

« Souvent, dans le calme de la nuit,
avant que les chaînes du sommeil ne m'aient entravé,
un souvenir qui m'est cher apporte la lumière
d'autres jours autour de moi. »

Il était midi largement passé, et Fred ne se sentait pas bien. Six heures de vol de Dallas à Vancouver, puis dix heures de route avec moi : en tout seize heures, pendant lesquelles il avait passé son temps à tousser à en cracher ses poumons. Il avait maintenant besoin de sommeil, mais il n'arrivait pas à se forcer à se coucher. Il arpentait l'intérieur du fourgon, touchait machinalement plein de choses : le papier peint de style victorien, les meubles confortables, les milliers de livres rassemblés sur des rayonnages encastrés, le vieux globe terrestre, la lampe ancienne posée sur le bureau.

« Un fourgon, avait-il dit, à d'autres ! Où est-ce qu'ils auraient bien pu dégoter un fourgon ? »

Il avait l'impression d'être revenu à l'âge de la vapeur. Moi, celle de revenir chez moi : *Home sweet fourgon...*

Se retrouver dans les Rocheuses, que demander de plus ?

Combien de fois suis-je venu ici ? Vingt fois, trente fois ? Trop pour que je continue à compter. C'est quand j'avais six ans que mes parents m'y ont emmené pour la première fois. Trente-cinq ans plus tard, c'était à mon tour de faire passer ses premières vacances dans les Rocheuses à mon propre fils, qui lui aussi avait six ans à l'époque. Et aujourd'hui, dix ans plus tard, j'y revenais, dans un contexte quand même un peu plus luxueux depuis que Bruce et Stéphanie avaient trouvé ce fourgon de train. Je n'ai jamais très bien compris comment ils avaient réussi à le déplacer, à l'installer sur la voie ferrée située à proximité de chez eux, à Golden ; en tout cas, ils y étaient arrivés. Aujourd'hui, après des travaux de plomberie, d'électricité et de décoration intérieure, et l'ajout d'une chambre, ce fourgon était devenu mon havre favori. Et ils tolèrent que j'y fasse des séjours occasionnels : merci, mon Dieu !

Le lendemain matin, nous fîmes la grasse matinée ; et une fois enfin levés, Fred passa près d'une bonne heure d'horloge à expectorer plein de trucs dont je vous passe la nature... Nous restâmes assis à nous demander s'il ne serait pas mieux pour lui qu'il se dépense un peu physiquement. Finalement, comme sa toux avait plus ou moins cessé, il fut décidé de prendre la voiture pour aller jusqu'à une cascade de glace où il pourrait assurer pendant que je ferais un peu d'exercice.

C'est la première fois qu'il allait se trouver sur de la glace : Fred est un grimpeur très doué, seulement il n'y a pas beaucoup de glace au Texas... Il avait montré de plus en plus de nervosité à mesure que nous approchions ; il était partagé entre le désir d'essayer ce sport qui agissait si bizarrement comme une drogue et la peur de s'éventrer avec les crampons et les outils si méchamment pointus qui ne lui étaient pas familiers, ou encore de faire une chute mortelle si toute la fragile structure que nous allions escalader se dérobait sous nos pieds, ou bien, après avoir tout fait correctement, de payer de sa vie le déclenchement d'une avalanche que nous n'aurions pas su prévenir.

Le mont Assiniboine s'élance au-dessus de la langue d'Athabasca du Columbia Icefield. La chute d'eau offre la particularité d'alimenter trois océans : la Sunwapta River (ci-contre) va jusqu'à l'Arctique, tandis que les autres langues s'écoulent dans le Pacifique ou dans la baie d'Hudson. On distingue ici une petite portion des Icefield Parkway, route panoramique reliant Banff à Jasper.

Deux longueurs de corde plus loin, suspendus aux broches à 100 m de hauteur, le voilà qui se remit à tousser, mais en souriant comme s'il avait trouvé quelque chose de meilleur que l'amour. La troisième longueur de corde apparaissait magnifique : un rideau de turquoise translucide. Séduisant, mais plus difficile que ce que j'avais jamais escaladé. Comme Fred n'était pas au mieux de sa forme, nous descendîmes en rappel après avoir programmé de revenir le lendemain.

Mais le lendemain, l'état de Fred s'était détérioré, tout comme le temps. La neige, qui tombait en flocons légers, se transforma en pluie avec l'élévation de la température ; puis les nuages s'évaporèrent, et alors je me mis à m'inquiéter à l'idée que le soleil, qui faisait du bien à Fred, était aussi en train de ronger la glace. L'hiver avait été inhabituellement doux, et toute la glace exposée au sud était déjà bien assez mince avant cette avancée folle vers le printemps.

Progression sur le mont Robson. À l'aide de crampons, Bill Marsh monte la dernière longueur de corde du Toit, pente abrupte et glacée de 300 m à la cime de la South East Ridge ; on atteint cette crête sud-est par la célèbre face Kain. Au-dessus, il y a juste une courte portion d'arête en corniche, puis un minuscule sommet, qui est le point culminant des Rocheuses canadiennes. Cet itinéraire fut celui suivi lors de la première de cette montagne en 1913 ; c'est à cette occasion que le redoutable Conrad Kain tailla plus de six cents marches pour achever cette ascension, qui est, aujourd'hui encore, considérée comme une grande classique en Amérique du Nord.

La plupart de mes randonnées hivernales dans les Rocheuses ont véritablement été des excursions dans le grand gel. La première fois, j'avais fait une traversée à skis le long de la ligne de partage des eaux au-dessus des Icefield Parkway. C'était bien peu de chose pour un randonneur chevronné, mais mon expérience de la montagne l'hiver était limitée à quelques sorties d'une journée, et, de surcroît, je ne m'étais jamais retrouvé sur des skis. Pour moi, c'était l'aventure totale. Je compatis avec l'excitation teintée d'appréhension que ressentait Fred.

Peut-être est-ce précisément ce mélange d'émotions qui m'a poussé à revenir ici pendant toutes ces années. Les Rocheuses canadiennes constituent une chaîne montagneuse extrêmement contrastée. Elle fait à peu près la même superficie que les Alpes, mais compte environ mille fois moins d'habitants : elle offre donc à la fois la civilisation et l'isolement. Si, en dehors des routes principales, les montagnes et les vallées ne sont pas aussi peuplées qu'en Europe, ce n'est pas pour autant qu'elles offrent la solitude : c'est ainsi que Banff, qui constitue le principal avant-poste de la civilisation, présente un curieux mélange de village alpin et de banlieue de Tokyo. Si jamais vous avez envie de ponctuer vos aventures d'alpiniste avec une soirée au théâtre ou un concert de musique de chambre, ou si vous éprouvez le besoin pervers qu'on vous rappelle que vous êtes beaucoup moins riche que les autres, Banff vous procurera votre dose.

Cela étant, la plus grande partie de la chaîne est déserte. Ni routes, ni villes, ni êtres humains : sur environ 200 000 km^2, rien que des sommets et des vallées, des wapitis et des ours, de la roche et de la glace.

Si le réchauffement du temps avait aidé Fred à récupérer, il avait aussi fait pas mal de dégâts sur la cascade. La glace s'était notablement amincie : elle était recouverte par une couche de 5 cm de bouillie, ce qui rendait difficile le placement des crampons. Fred avait voulu essayer de passer en premier, mais il changea d'avis au bout de 5 m. Il dégagea un peu de cette bouillie, plaça une broche et descendit. Je passai en tête et m'aperçus que pour assurer de bons placements c'était surtout une question de patience : je halai donc la corde et remontai mon équipier. Se sentant plus à l'aise sur la glace molle après avoir suivi la première longueur de corde, il reprit la tête et, bientôt, nous nous retrouvâmes au même endroit que la veille.

Les poumons malades de Fred se manifestèrent de nouveau. Le temps, lui aussi, s'était dégradé pendant les deux dernières heures. Il se mit à tomber une pluie mêlée de neige fondue, qui transforma le sol de la saillie d'assurage en un porridge crasseux qui détrempa nos cordes et voila notre champ de vision. Je me dis que, étant donné l'état de Fred et vu le temps médiocre, celui-ci voudrait retrouver prestement la chaleur et la sécurité bienfaisantes du fourgon. Mais non, le sourire revint sur son visage, et il refusa de redescendre : même mourant, il aurait voulu continuer. C'est ça quand on mène pour la première fois sur glace : on touche ce que l'escalade a de plus vrai.

Au-dessus de nous, la glace arrivait à la verticale, suspendue à la roche, une véritable chute d'eau figée sur place par le gel. Là, les précipitations de l'année précédente attendaient la chaleur de l'année suivante pour poursuivre leur course vers la rivière, dans le canyon au-dessous de nous, comme si le temps lui-même

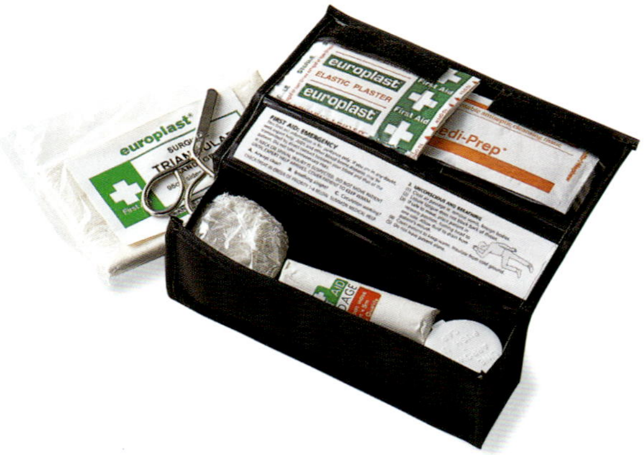

Notre regard se promène sur la crête sud-ouest de Pigeon Spire, l'un des plus hauts sommets des Bugaboos, et sur le mur de tête très à pic, au-dessous du sommet. L'ascension, franche, s'effectue dans une fabuleuse architecture rocheuse.

s'était arrêté sous l'effet du gel. Remonter ces parois glacées comme on remonte le temps constituait une véritable attraction : je me sentis exonéré des règles qui régissent et gouvernent l'univers, dispensé des joies et des peines qui jalonnent et mesurent l'existence humaine, empli jusqu'au débordement de l'intensité de ce moment.

Arrivé au sommet, le temps se remit à s'écouler autour de moi, et je repris progressivement mon rôle d'acteur de la réalité. Il continuait à tomber une neige fondue, la vallée au-dessous était toujours noyée de brouillard, le moteur assourdi d'une voiture ou d'un camion qui passait de temps à autre sur la route en aval me rappelait que nous n'étions pas seuls. Et pourtant, je n'eus pas l'impression que la civilisation avait prise sur moi, alors même que la route en question n'était autre que la Trans Canada Highway, autrement dit la principale artère par laquelle passaient les échanges commerciaux et se faisaient les déplacements des habitants d'un pays gigantesque.

Un environnement de désert juste au-dessus d'une autoroute ? Je ne pus m'empêcher de faire la comparaison avec une balade que j'avais effectuée à la fin de l'été, quelques années auparavant. Alors que nous étions en route pour les Rocheuses, Robb McLaren et moi nous étions arrêtés dans les Bugaboos, histoire de faire un peu d'escalade sur les immenses sommets de granit qui donnent leur nom à la région. L'endroit, magnifique, mérite sa réputation internationale. Le granit est superbe, les sommets spectaculaires (Bugaboo Spire, Snowpatch Spire, Pigeon Spire, les Howser Towers) ; les approches sont relativement faciles, les différents itinéraires conviennent à tous les niveaux de compétence, et le site est nettement plus éloigné des sentiers battus que les rideaux de glace près de Golden.

En nous éloignant de une heure de la Trans Canada Highway, nous nous étions retrouvés à Spillimachen, une minuscule localité. Une heure de plus à monter une route caillouteuse, à pic et sinueuse, pour aller le plus loin possible en voiture ; trois heures supplémentaires à gravir un chemin à pied : et nous voici arrivés à Kain Hut, parmi une foule plus nombreuse que celle que nous avions rencontrée dans certaines des villes que nous avions traversées. Le refuge était au maximum de sa capacité, ses abords ressemblaient à un village de tentes d'un camping surpeuplé. Et nous nous aperçûmes le lendemain matin que tous les itinéraires à portée de nos compétences grouillaient d'alpinistes.

Nous nous étions alors dépêchés de rejoindre les Rocheuses, où nous arrivâmes après avoir campé la nuit suivante au bord d'un petit lac, à quelques minutes de l'autoroute. L'endroit était réservé pour nous tout seuls, et ce soir d'été fut l'un des plus beaux dont il m'ait été donné de profiter. Une tente montée sur un tapis moelleux d'aiguilles de pin près du rivage, l'eau qui clapote sur une plage de minuscules cailloux bien lisses et, finalement, les conifères vert foncé, de l'autre côté du rivage, dont la silhouette sombre se découpe de nouveau contre la lumière pourpre du jour qui meurt... Quel contraste avec cette prétendue « solitude » des Bugaboos, quel merveilleux prélude à plusieurs journées d'escalade bénie par le soleil sur les sommets dominant le Columbia Icefield...

La descente de la cascade constitua une course à handicap, étant donné le temps et la lumière du jour qui diminuait : trois rappels sur des cordes si mouillées et si

Vue depuis la crête sud de Bugaboo Spire, la face ouest de Snowpatch Spire s'élève à pic au-dessus du col de Bugaboo. On voit sur la droite la base de Pigeon Spire.

sales que la boue dégoulinait littéralement en passant par mon descendeur. Mais j'étais allègre, presque enthousiaste, et j'avais l'esprit qui s'élevait à mesure que mon corps descendait. Ne venais-je donc pas de grimper en tête, sur glace, dans le contexte le plus difficile que j'aie jamais connu jusqu'alors ? Dans d'atroces conditions, comme dans les livres d'horreur ? Et ne me sentais-je pas assez bien pour qu'on n'ait pas besoin de me planter une aiguille de perfusion dans les veines ? Oui, oui, bien sûr, ma prestation n'était pas tout à fait académique compte tenu des critères techniques du jour ; mais en tout cas cela avait été dur pour moi et, vraiment, ça faisait du bien d'avoir surmonté l'adversité.

Les quintes de toux de Fred me ramenèrent à la réalité : il était temps de le raccompagner au fourgon, où il pourrait mettre des vêtements secs, se réchauffer et se réhydrater. Et surtout se bourrer de tous les comprimés, gélules et sirops contre la toux qui lui tomberaient sous la main, toutes ces drogues dont on nous gave aujourd'hui. Il avait dû peiner d'avoir à m'assurer lors de cette dernière longueur de corde : il avait froid, il était trempé, et la toux provoquait des spasmes douloureux qui l'éprouvaient. Il resta silencieux pendant la plus grande partie du

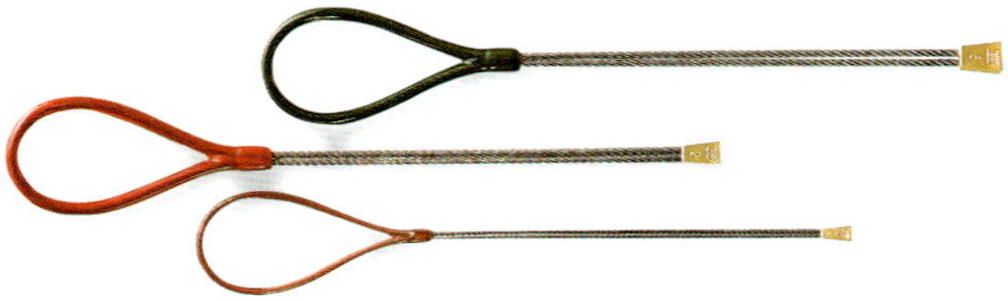

trajet, et je me sentis coupable d'être tout à fait bien, à l'inverse de lui. Mais quand il finit par ouvrir la bouche, ses premiers mots furent pour dire :

« Je retournerai là-bas.

– Quoi ?

– À cet endroit central où tout est tranquille. »

Étonnant, n'est-ce pas ?...

Vu son enthousiasme pour la glace, il était évident que Fred avait besoin de récupérer. Donc, le lendemain matin, nous laissâmes notre équipement d'escalade dans le fourgon et prîmes la route sans autre projet que de profiter au maximum des paysages avant le coucher du soleil.

Golden est une ville située à l'extrême bordure occidentale des Rocheuses ; de ce fait, en roulant, nous constatâmes un changement dans les montagnes qui dominaient alentour : à l'ouest, elles étaient pyramidales, drapées de neige, et j'étais incapable de les distinguer des Columbia Mountains, profane que j'étais en géologie. À mesure que nous progressions vers l'est, elles avaient des pentes de plus en plus abruptes et anguleuses, et leur stratification se devinait même sous la neige. Et pour finir, en approchant l'extrême bordure orientale, elles devenaient si vertigineuses que la neige ne pouvait plus s'y fixer. Pas besoin de se demander d'où Castle Mountain (la « Montagne Château ») tenait son nom : comment aurait-elle pu s'appeler autrement avec ses murailles, ses remparts, ses tourelles ?

Nous nous arrêtâmes pour déjeuner à Canmore, au pied du versant oriental de la chaîne. Par où continuer ensuite ? Si nous prenions vers le sud, nous montions pour franchir le col entre le mont Rundle et le Chinaman's Peak, passer Spray Lake et entrer dans Kananaskis Country, avec vers l'ouest un panorama sur le mont Assiniboine, le « Cervin des Rocheuses », et vers l'est un autre sur le calcaire doré des Kananaskis Peaks. Cela nous ferait rentrer de nuit en voiture jusqu'à Golden (pas grave !) et arriver tard pour le dîner que Stéphanie nous avait promis de nous garder (ça, c'était très important...). Nous avions aussi le choix de retourner tout de suite à Golden, ce qui nous permettait de faire un détour par l'Icefield Parkway (la route du Champ de Glace) et de voir un certain nombre des sommets qui avaient attiré les alpinistes dans les Rocheuses.

Entre ces deux options, c'est la faim qui nous décida : nous partîmes vers l'ouest jusqu'à Lake Louise, puis bifurquâmes vers le nord, où nous dépassâmes l'un après l'autre de grands pics et des glaciers. La vue de ces sommets remua des souvenirs d'ascensions et de randonnées à skis, d'amitiés forgées ou tempérées, de ciel bleu et de chaud soleil, de blizzards pénétrants et de tempêtes de neige, d'instants de désir et de moments de relâchement.

Fred me pressait de questions, auxquelles j'étais bien en peine de répondre la plupart du temps. Ces montagnes, je les aime et j'y suis revenu pas mal de fois. Pour autant, je reste un visiteur, je n'en connais pas le cœur et l'âme aussi bien que les alpinistes de la région.

PAGE DE GAUCHE : le mont Assiniboine mérite bien son surnom de « Cervin des Rocheuses ». On le voit ici à partir du nord-est, près des rives du lac Magog. La célèbre crête nord se dresse au centre de la photographie.

J'en connais le plus souvent des éléments isolés, des fragments. L'étonnant rocher sur le récif de corail pétrifié qui domine Grassi Lake. La glace qui orne les parois et pend dans les ravins au-dessus des routes principales. Les sommets et crêtes du Columbia Icefield, qui partagent le continent, et la grande difficulté à trouver son chemin dans un blizzard qui dure quatre jours. L'ambiance de camaraderie que l'on rencontre lors de ces nuits passées au club-house du Club alpin du Canada, mais aussi la difficulté à trouver le même club-house après une soirée passée dans les bars de Canmore. La frustration que l'on ressent à voir deux semaines de vacances se dissoudre totalement dans une pluie qui ne cesse pas. La peine que procure un coup de téléphone qui vous annonce qu'un ami ne reviendra jamais des Rocheuses. L'inoubliable après-midi passé au sommet du mont Castleguard, à regarder un orage d'hiver s'éloigner des 2 000 m de la face nord du mont Bryce.

Je pouvais bien sûr lui parler de ça, et il serait facile de l'emmener un jour prochain à des endroits où il pourrait faire des photos. Seulement, il avait mieux

CI-DESSUS : se tenant bien à l'écart de la fragile corniche, Bill March approche du sommet du mont Assiniboine. Cette section finale à la pente modérée est celle de la crête nord, qui offre une magnifique ascension alpine qui mérite bien sa qualification de « classique ».

Pour atteindre le lac Berg et le côté nord du mont Robson, une agréable randonnée d'une quinzaine de kilomètres depuis le point de départ, dans la Fraser Valley, s'offre aux visiteurs. Près de ce dernier endroit se trouve le superbe lac Kinney, dans les eaux glaciaires duquel se reflète Whitehorn Mountain. La route emprunte le rivage sur la droite pour pénétrer dans la Valley of a Thousand Falls (la « vallée des Mille Chutes »), qui commence par des marécages alluviaux parsemés de fleurs sauvages.

à faire que de rapporter au Texas des clichés du mont Robson ou de la face nord du mont Kitchener, qu'il aurait d'ailleurs pu prendre à partir de l'autoroute. Non, non, la meilleure chose que je puisse lui donner à rapporter, c'était d'autres souvenirs d'escalade.

Alors que nous repartions vers Golden, je lui dis :

« Comme tu m'as l'air d'en avoir fini avec cette toux, qu'est-ce que tu penserais d'un peu de glace pour demain ? »

Perdus encore une fois. Enfin, pas perdus, égarés. Les parois du ravin s'étaient rapprochées, emprisonnant notre progression vers le haut mais ne nous offrant aucune glace, aussi loin que nous puissions regarder. Ce qui nous avait paru évident d'accès à partir de la route se révélait hors d'atteinte dans la forêt. Et pas parce que nous n'arrivions pas à trouver un chemin, mais pour la raison opposée ! D'autres personnes nous avaient précédés, et on trouvait dans la neige des traces bien définies ; mais en fait, il y avait trop de traces, et nous avions manifestement suivi la mauvaise.

« J'imagine qu'on n'a pas traversé assez loin.

– Oui, à moins qu'on soit allés trop loin, au contraire. »

Nous descendîmes afin que les parois se desserrent dans la forêt et que nous puissions de nouveau tourner vers la gauche, progressant lentement en labourant la neige profonde jusqu'à ce que nous obliquions et fassions une pause, incapables de parler, pour regarder fixement le fin voile de glace bleutée qui pendait sur la paroi arrière de l'étroit ravin en amont.

Nous étions sans voix, disais-je ? Pas tout à fait. Je pense avoir dit quelque chose du genre de « Oh ! la vache », et Fred a réussi à lancer dans un cri « C'est ça qu'on va escalader ?... »

Peut-être posait-il la question par pure forme, sans attendre une réponse, ou qu'il l'avait simplement émise pour lui-même. Mais pour moi, l'interrogation était bien réelle, et en y pensant je compris un peu mieux pourquoi je me trouvais là : pas pour escalader cette cascade gelée, mais pour savoir si je pouvais le faire. La chute n'était pas plus abrupte que celle que j'avais gravie quelques jours plus tôt, mais elle était interminable, implacablement verticale sur toute sa hauteur. Et même si les remparts au-dessus luisaient dans la lumière matinale, je savais que la glace serait à la fois dure et fragile, parce que le ravin était exposé au nord. Mais c'était si beau, ce rougeoiement dans la lumière qui se réfléchissait vers le bas...

Une heure plus tard, nous étions venus à bout de la raideur de la pente et des difficultés. J'avais réussi à escalader 45 m d'une glace parfois fragile, et 10 m d'un terrain beaucoup plus facile me séparaient encore d'un point d'assurage sûr et confortable.

« Il reste combien de corde ?

– À peu près 15 pieds. »

Fred était américain, et ne se débrouillait pas encore bien avec les mesures du système métrique.

Que faire ? La glace se brisait facilement, mais je pourrais probablement, de là où j'étais, trouver des emplacements solides pour y fixer deux broches, et nous assurer en toute sécurité. Cela étant, pourquoi étais-je suspendu par mon harnais, dans l'ombre et le froid, contre une paroi de glace verticale, alors que, juste à deux minutes au-dessus de moi, il y avait en plein soleil deux ou trois pins bien robustes qui poussaient sur la paroi du ravin.

« Presque à portée de main, il y a un bon point d'assurage. Je vais y aller. Toi, tu vas commencer à escalader quand la corde sera tendue, d'accord ? Les premières longueurs ne sont pas toutes aussi à pic que ça. »

C'est ainsi que nous escaladâmes simultanément le dernier ressaut : j'avançais lentement sur les dernières sections de terrain facile pour laisser le temps à Fred de réussir les premiers enchaînements plus bas, jusqu'à ce que, dans une dernière avancée, je me retrouve à la fois au soleil et à portée de main des arbres. Je me détachai et assurai mon équipier, en m'astreignant à vérifier à deux fois chaque geste de cette besogne de routine : je savais que, après la sollicitation physique et émotionnelle que je venais de subir, il était très facile de faire une faute si je me mettais sur pilotage automatique…

Une fois satisfait de la sécurité du système, je criai à Fred le conventionnel « À toi ! » ; puis je me penchai vers l'arrière, confiant aux troncs d'arbres mon poids, et je me laissai éloigner progressivement de l'endroit où, comme bien d'autres, on va quand la difficulté et le danger d'une ascension sérieuse vous isolent de la vie ici-bas.

Les sensations, d'abord. La chaleur du soleil, le parfum astringent des conifères. J'ôtai mes gants, baissai un peu ma fermeture à glissière (avais-je eu froid pendant mon ascension ? Sans doute, mais je n'en avais aucun souvenir).

Ensuite, les couleurs. Le rouge et le pourpre des cordes qui descendent puis disparaissent du champ de vision au-dessous du rebord. Le chaud brun-rouge de l'écorce des arbres, le vert foncé dense des aiguilles. Le blanc intense de la neige, le sienne doré de la roche, le bleuté de la glace frappée par le soleil.

Et pour finir, la splendeur silencieuse du monde qui m'entoure. Le soleil qui inonde cette fente du ravin et le transforme en un havre douillet, où mon regard traverse une vallée boisée jusqu'à une longue crête enneigée qui monte en décrivant une courbe et vient étayer un élégant sommet pyramidal. Énorme, mais si parfait d'un point de vue architectural que ce n'est pas sa stature qui attire l'attention, mais sa grâce et la symétrie qu'il présente. Et derrière, à perte de vue, rien que des crêtes et des murs, des pics et des flèches, qui percent le bleu parfait du ciel.

Se retrouver dans les Rocheuses, que demander de plus ?

Bill March, l'un des alpinistes sur glace les plus célèbres des années 1970, escalade un sérac dans la Bugaboo Icefall. Il pratique ici l'escalade artificielle, mais agirait aujourd'hui autrement avec un équipement et des techniques nouveaux.

ROCHEUSES CANADIENNES – FICHE PRATIQUE

PLANTONS LE DÉCOR

Les Rocheuses canadiennes s'étendent sur environ 1 600 km : elles partent de la frontière avec les États-Unis et vont presque jusqu'au Yukon. Ses milliers de sommets forment une étroite chaîne séparant les grandes plaines de l'Alberta de l'enchevêtrement constitué par les Interior Ranges de la Colombie britannique. Les plus hauts ont tendance à être concentrés le long de la ligne de partage des eaux, la Continental Divide, juste à l'ouest des Icefields Parkway. On y trouve des montagnes glaciaires de calcaire et de schiste argileux, abruptes et spectaculaires, des lacs gelés et des pentes couvertes de conifères abritant orignals, loups et grizzlis.

Il existe plusieurs groupes de montagnes intéressants dans les Interior Ranges de la Colombie britannique, immédiatement à l'ouest des Rocheuses. Le plus célèbre d'entre eux est constitué par les Bugaboos, groupe de flèches de granit qui se dressent à partir d'un champ de glace de la Purcell Range (parallèle à la ligne de crête des Rocheuses, elle est située à une cinquantaine de kilomètres seulement).

Les premiers alpinistes suivirent la Canadian Pacific Railway (CPR) quand cette compagnie commença à desservir en 1885 les Selkirks, l'une des Interior Ranges, et construisit un hôtel à un endroit jusque-là inaccessible.

À la charnière des XIXe et XXe siècles, les Rocheuses furent en vogue. La CPR aménagea un centre d'escalade à Lake Louise et fit venir des guides alpins professionnels, dont l'Autrichien Conrad Kain, qui réussit la première ascension du Robson, du Bugaboo Spire et de bien d'autres sommets, avant et pendant la Première Guerre mondiale.

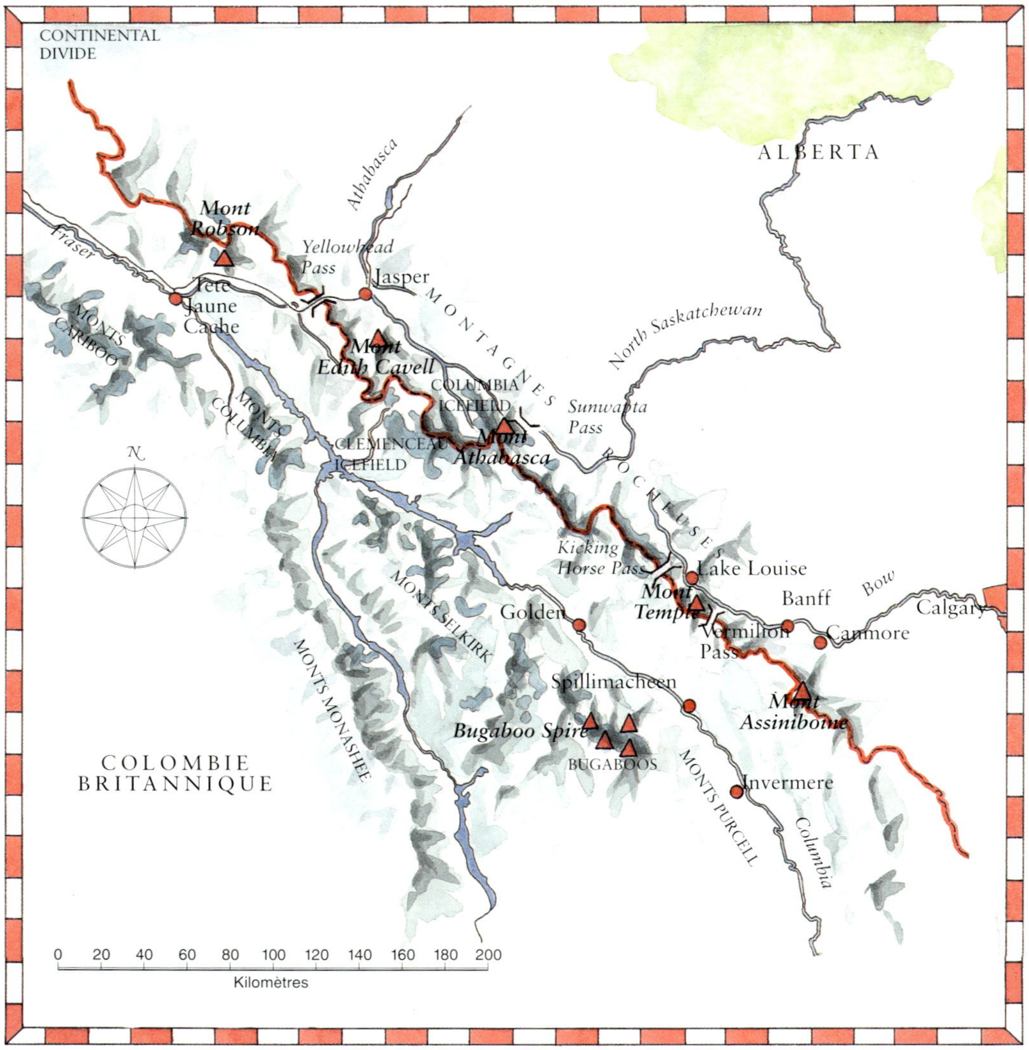

L'ACCÈS

Le site est proche des villes de Calgary et d'Edmonton. Il est desservi par trois grandes lignes ferroviaires et des routes importantes. Toutefois, le pays est parfaitement sauvage dès que l'on sort des sentiers battus. Les villes de Banff et de Jasper sont situées de part et d'autre de cette section des Rocheuses qui est la plus importante, avec les Icefields Parkway qui, sur 250 km environ, relient les deux cités et donnent un accès au côté oriental de la chaîne. Des parcs nationaux englobent l'intégralité du versant côté Alberta de la Continental Divide ; plusieurs parcs provinciaux se situent sur le flanc appartenant à la Colombie britannique. Les Bugaboos, quant à elles, sont classées Zone de loisirs alpins, et, à ce titre, protégées. Le camping y est réglementé. Les alpinistes et les randonneurs qui passent

Mont Robson	*3 954 m*
Mont Assiniboine	*3 618 m*
Mont Temple	*3 544 m*
Mont Bryce	*3 507 m*
Mont Athabasca	*3 491 m*
Mont Kitchener	*3 475 m*
North Howser Tower	*3 399 m*
Mont Edith Cavell	*3 363 m*
Bugaboo Spire	*3 176 m*
Pigeon Spire	*3 124 m*
Mont Castleguard	*3 078 m*
Snowpatch Spire	*3 063 m*

plus d'une journée dans cette région doivent s'inscrire auprès des bureaux des parcs nationaux; toutefois, les réglementations sont moins strictes ailleurs.

LA RANDONNÉE ET L'ESCALADE

Les Bugaboos offrent quelques-unes des plus belles escalades du continent nord-américain. Un refuge gardé permet d'effectuer de nombreux itinéraires dans la journée. En hiver, le glacier Bugaboo est un site très fréquenté par des skieurs héliportés.

Dans les Rocheuses elles-mêmes, les longues randonnées exigent de grandes aptitudes, mais on trouve des itinéraires plus courts à proximité des principales zones touristiques. L'alpinisme offre des courses de longueur et de niveau de difficulté variés, allant jusqu'à des parois enneigées et des parcours impressionnants sur les faces nord. Les cascades gelées permettent de faire de l'escalade en hiver. Le ski de randonnée se pratique partout. Il existe un grand nombre de refuges d'altitude et d'abris permettant de bivouaquer, mais en général on regagne dans la journée un camp situé au pied de la montagne.

Bill Marsh entamant sa descente sur la courte arête du mont Robson. De gigantesques corniches se recourbent vers la gauche, tandis que des cascades de glace tombent à pic sur la droite. Cette photographie fut prise au petit matin d'une journée qui promettait un temps instable. Nous dûmes vérifier l'emplacement de notre voie d'ascension avant de nous mettre à descendre les pentes abruptes du Toit.

Le Pays des Roches Rouges

Sud-Ouest des Etats-Unis

STEVE ROPER

« Le soleil frappa notre refuge rocheux en forme de dôme avec une saisissante soudaineté ; et puis le grès, qui présentait avant l'aube une coloration rouge morne, éclata en un cramoisi qui semblait avoir une profondeur infinie. On avait l'impression de pouvoir se lever et pénétrer en plein à l'intérieur de la roche, peut-être à l'intérieur de la Terre elle-même. On était une fois encore déroutés, comme si notre monde familier était, en une nuit, revenu au l'époque du trias. »

Le Watchman est une petite montagne située dans le parc national de Zion qui domine la Virgin. Malgré sa hauteur relativement faible (760 m d'altitude), il présente un sommet pointu qui le rend, pour un grimpeur, aussi intéressant qu'un pic alpin. On aperçoit ici sa face nord.

PAGE 70 : des alpinistes au sommet d'une des « plumes » de l'Eagle Tail Peak.

Assis sur mon siège exigu près d'un hublot, je regarde, 10 000 m plus bas, la zone montagneuse et désertique située au sud-ouest de l'Amérique du Nord. Peu de gens sont tentés à priori par cette région, et je ne faisais pas exception à la règle il y a un certain nombre d'années. Faisant près de 520 000 km^2, constituée principalement du nord de l'Arizona et du sud de l'Utah, elle est composée de vastes étendues plates, qui à première vue semblent dépourvues de vie et, pour tout dire, ennuyeuses. Il arrive que l'on y roule des heures durant sans rien voir d'autre que des buissons d'armoise et des arbustes rabougris. Des tempêtes de sable se lèvent de nulle part, et les pare-brise de mes véhicules étaient régulièrement marqués par des grains de sable qui m'auraient scalpé si je m'étais trouvé à l'extérieur. J'ai cuit sous la chaleur estivale, j'ai appris ce que voulait dire transi jusqu'à la moelle lors de vagues de froid en avril.

Il m'a fallu bien des voyages étalés sur quinze ans pour que j'arrive à dire d'un ton résolu que cela ne me dérangerait pas d'habiter cette contrée. Et maintenant, à l'approche de l'âge mûr, je rêve de quitter la grande ville pour toujours, de sortir à l'aube de ma petite cabane en adobe et de me balader dans un nouveau canyon ou dans une tremblaie isolée, ou encore sur des dalles de teinte orange cramoisi, si lisses qu'elles ont reçu le nom générique de slickrocks, « roches luisantes ». Il y a plein de choses à voir dans le Sud-Ouest, pour peu que l'on sache regarder. Par ses photos, John Cleare nous prouve qu'il en est capable. Mais, bien sûr, il ne s'agit que d'images, qui donc ne restituent pas une des caractéristiques principales de cette région : le silence. On pourrait objecter qu'il n'y a pas de bruit non plus en montagne, mais on y entend souvent le gargouillis d'un ruisseau, le souffle du vent sur une crête, les trémolos de la foudre, le craquement d'un glacier, le grondement d'une avalanche ou d'une chute de pierres. Ce pays de canyons est l'endroit le plus silencieux que je connaisse.

Ma femme et moi avons séjourné dans le camping du parc national de Zion. Nous étions, comme toujours, captivés par la beauté contrastée des falaises orange et fauve zébrées de noir, qui se détachent sur un ciel dont le bleu est le plus profond qui soit. Mais Zion ne s'était pas révélé de toute tranquillité. Nos oreilles avaient été agressées par les conversations de centaines de campeurs et le ronronnement de dizaines d'autocars ; j'ai donc proposé une visite dans les canyons reculés du centre et du sud de l'Utah. Je savais que, là au moins, nous pourrions entendre le son du silence ! Pourtant, je n'étais pas préparé à ce que nous avons « entendu ».

Les mots ne peuvent rendre la notion de silence, pas plus que les photographies. Je devrais donc m'arrêter ici, persuader mon éditeur de laisser une page blanche pour accueillir un néant éblouissant. Car c'est bien ce à quoi ressembla cette nuit passée sous un dôme arrondi, à plus de 60 km du premier village et de la première route goudronnée, sous des étoiles suffisamment proches pour qu'on puisse les cueillir : vides, blanches. Ou noires, peut-être ? Le silence était comme une présence, la présence du néant. Le silence de la mort ? Nous commencions à nous sentir mal à l'aise, à souhaiter qu'un avion nous survole ou qu'éclate un orage au loin. Mais rien n'arriva. Et progressivement, nous nous mîmes à goûter le silence pour ce qu'il est : pas angoissant, unique tout simplement.

Le soleil frappa notre refuge rocheux en forme de dôme avec une saisissante soudaineté ; et puis le grès, qui présentait avant l'aube une coloration rouge morne, éclata en un cramoisi qui semblait avoir une profondeur infinie.

Ce qui vint après cette aube apocalyptique fut moins silencieux, mais plus typique d'une journée d'exploration dans le sud-ouest des États-Unis. Les canyons situés à la jonction du fleuve Colorado et de la rivière Escalante sont assez peu connus des touristes, et de hardis aventuriers ne s'y sont risqués qu'il y a une soixantaine d'années. Il n'existe pas de sentiers officiels, et rares sont les panneaux indiquant où l'on se trouve. Il faut se procurer une bonne carte et se lancer seul dans des canyons reculés, sans traces de pas à suivre. Au début, on se demande si l'on a démarré au bon endroit, car on ne voit rien qui laisse deviner un canyon. Nous avons immédiatement éprouvé ce sentiment d'hésitation qui montre que l'on commence une nouvelle aventure.

CI-DESSOUS À GAUCHE : *le Grand Canyon se compose de falaises imposantes, de petits sommets pointus et de précipices vertigineux. Cette photo a été prise à partir de Pima Point.*

CI-DESSOUS À DROITE : *jour d'hiver dans le désert de Sonora (Arizona). Au loin, les Eagle Tail Mountains, au bord de la Harqualaba Plain. Les « plumes » de leur sommet se distinguent à peine sur le point le plus élevé.*

Situées dans le parc navajo de Monument Valley, Totem Pole et Yei Be Chei sont les formations de grès les plus célèbres ; elles ont bien sûr été escaladées, et les réalisateurs de films y ont souvent planté leurs caméras : ainsi, Totem Pole figurait dans La Sanction, *thriller que l'on doit à Clint Eastwood.*

PAGE DE DROITE : le Grand Canyon est orné de sommets aux formes bizarres qui, à défaut d'être très élevés, offrent à coup sûr un côté montagneux. Celui figurant au premier plan est appelé Duck on Rock, le « Canard sur le rocher » ; il est situé sur le bord sud près de Shoshone Point. Au loin, la pyramide du « temple de Vishnu ».

Descendant une coulée sablonneuse en pente douce dont nous suivions les contours, nous réalisâmes au bout de 400 m que, effectivement, nous avions pénétré dans un canyon, si l'on peut appeler ainsi une tranchée de 1,50 m de large sur 1,50 m de profondeur. La largeur ne variait pas à mesure que nous progressions, mais la hauteur des parois augmentait subtilement. Le soleil disparut et, bientôt, nous nous retrouvâmes dans un endroit qu'il a fallu définir par un terme moderne : celui de « canyon-fente ».

En poursuivant notre descente de la fente, nous vîmes des indices de crues éclairs qui sont à l'origine de ces étonnantes tranchées ; le phénomène prit un aspect surréaliste, avec des troncs gros comme un homme calés à 10 m au-dessus de nos têtes. La première fois, je pensai qu'un arbre mort situé au bord était tombé et avait fini perché de façon pittoresque à l'intérieur de la gorge. Je ne tardai pas à me rendre compte de ma stupidité, car aucun arbre de cette taille ne poussait à 5 km à la ronde. J'aimerais bien un jour regarder l'action d'une crue éclair, assis en haut d'un canyon-fente : le silence, on n'en a pas besoin tout le temps.

Le canyon s'élargit bientôt, et nous vîmes au loin des peupliers de Virginie dont les feuilles d'automne rayonnaient d'or. Ces feuilles dorées sur fond de falaises de grès orange foncé peuvent paraître superflues : en fait, ces teintes se complètent magiquement. Alors que nous contournions l'angle doucement courbé d'une paroi, un grand duc de taille imposante sortit en trombe d'un creux ombré de la falaise et disparut momentanément, caché par le premier repli du relief ; nous le suivîmes pendant une heure entière. Ce n'est pas d'un hublot que j'aurais pu voir ce spectacle.

Cela étant, le Grand Canyon est visible pendant dix bonnes minutes pendant le vol Los Angeles-New York : à pareille altitude, sa nature est incompréhensible, car il se présente comme un vaste paysage en terrasses. Mais sur place, le site est aussi différent d'un canyon-fente que la Grèce l'est du Danemark. Je dois dire que j'entretiens une relation faite d'amour et de haine avec ce canyon mondialement réputé.

J'ai toujours été déçu par les photos prises par la masse de visiteurs : c'est surtout parce que je suis rarement sur place à l'aube ou au crépuscule, périodes où une lumière oblique jette des ombres démesurément longues sur les falaises et les tertres qui émettent toutes les nuances de rouge, d'ocre et de brun. Ce n'est qu'en descendant à l'intérieur de cette gigantesque déchirure de la Terre que l'on prend conscience de ses dimensions. J'ai eu la chance de faire quatre séjours là-bas, excédant tous une semaine. Les pistes y sont rares, et je les ai évitées la plupart du temps. Le trekking de fond n'est ni facile ni recommandé à la plupart des randonneurs, et même moi qui me considère comme très expérimenté hors piste j'ai trouvé que cette marche était la plus épuisante et difficile que j'aie jamais faite. Le parcours offre toujours quelque chose de fatigant : équilibre précaire, températures extrêmes, cactus carnivores, falaises à descendre, à éviter ou à escalader.

Pourquoi y aller, alors ? me direz-vous. Les raisons qui poussent à s'enfoncer dans les entrailles de la Terre, ce sont ces moments particuliers de beauté qui vous tombent dessus avec une soudaineté qui vous laisse sans voix. Ce peut être un agave mort dont les feuilles brun doré crépitent dans la brise. Ce peut être un petit tremble niché dans un renfoncement ou un roitelet qui siffle un chant si charmant qu'on en vient à imiter la mélodie. Souvent, c'est tout à la fin de la journée qu'arrive le moment magique : quand, assoiffé et vacillant sous le poids d'un sac de 25 kg, on finit par arriver dans la zone où on envisageait de camper et, merveille, oui, il y a de l'eau, cette eau si vitale ! Un tout petit ruisseau, une nappe d'eau minuscule mais profonde alimentée par la pluie, ou parfois un simple suintement sur une paroi recouverte de mousse luisante d'humidité.

Le sud-ouest des États-Unis n'est, bien sûr, pas toujours aussi retiré : la région est ponctuée de villes et sillonnée de nombreuses autoroutes. C'est aussi le pays des cow-boys et des Indiens. Au cours de la fin du XIXe siècle, nos pères ont fait des ravages parmi les autochtones, par expansionnisme et par racisme. Ils les ont tués, ils les ont trahis, leur ont transmis des maladies comme la variole et le choléra, lors d'une période vraiment peu glorieuse de l'histoire des États-Unis. Les indigènes qui ont survécu ont été parqués dans des réserves, dans des régions que l'on considérait comme sans intérêt, et notamment le sud-ouest du pays. Les Navajos n'ont pas eu à aller loin, ils vivaient déjà à proximité. Aujourd'hui, les descendants de cette tribu plutôt pacifique occupent un vaste territoire du nord-est de l'Arizona. Traverser cette région suscite toujours des sentiments mêlés. La pauvreté y règne, l'alcoolisme est courant et la culture séculaire des Navajos disparaît rapidement. On sent toutefois que ces gens ont encore avec cette terre des liens qui forcent l'envie. Regardez les entrées des *hogans*, leurs minuscules habitations : elles sont toujours orientées vers le levant. Notez l'expression de fierté et de sérénité qu'affichent les aînés : ils semblent connaître leur place dans le monde spirituel sans avoir besoin d'un pasteur ou d'un prêtre. Les Navajos possèdent et administrent avec fierté l'un des paysages les plus spectaculaires de la planète : Monument Valley, à la frontière entre l'Arizona et l'Utah.

Bien qu'emblématiques du Sud-Ouest, les tours de Monument Valley ne peuvent pas véritablement être qualifiées de montagnes. Mais la région est riche

Autres exemples de formations de grès titanesques dans Monument Valley, cette fois près de l'angle sud-ouest de Rain Gold Mesa.

Fin d'après-midi sur Spanish Bottom, dans le Grand Canyon, au début des chutes du fleuve Colorado. Rusty Baillie et moi avons campé ici dans le cadre d'une exploration du Maze tout proche et de Land of Standing Rocks, avant de poursuivre notre descente des eaux bouillonnantes du Canyon.

en sommets élevés et en chaînes reculées. Parmi celles-ci, Henry Mountains, dans l'Utah, chaîne culminant à 3 500 m qui fut la dernière du pays à recevoir un nom. Située au milieu de nulle part, elle ne fut pas totalement explorée avant les années 1920, et même encore aujourd'hui ses pics sont peu fréquentés. De ses sommets, on ne voit rien à la ronde qui soit dû à l'homme : un environnement propre à enthousiasmer tous les aventuriers qui aiment la randonnée ou l'escalade.

D'autres chaînes sont beaucoup moins accessibles, et quelques villes ont des alentours particulièrement bien dotés. C'est notamment le cas de Moab, dans l'Utah, qui dispose à une demi-heure de route de sommets de 3 500 m dans ses faubourgs bordés par le fleuve Colorado, qui est le plus grand cours d'eau du Sud-Ouest, et à un quart d'heure d'un désert aux paysages psychédéliques. L'été, les gens profitent de la fraîcheur de monts couverts de trembles ; en hiver, ils peuvent se balader dans des canyons de roche rouge qui ne portent pas de nom ou bien descendre le Colorado en rafting. Si Moab n'est pas une belle ville, elle bénéficie d'une localisation pratiquement inégalable : elle est située dans une vallée fertile à proximité immédiate du Colorado et de deux parcs nationaux. C'est donc l'endroit idéal à choisir comme base.

Le parc national des Arches est à dix minutes vers le nord. Il comporte un grand nombre de falaises, de tours ainsi que d'arches comme son nom l'indique. Et quelles arches ! L'histoire géologique du site est complexe ; pour schématiser, des forces tectoniques ont soulevé le sol, l'eau a suinté dans les failles, la glace et

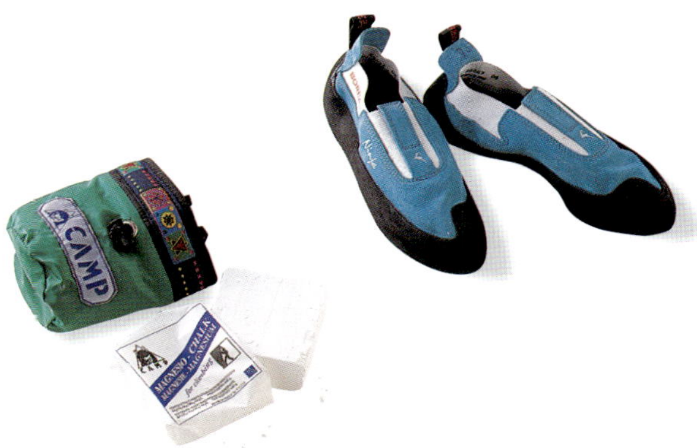

l'érosion ont élargi ces étroites fissures. Sur des millions d'années, les éléments naturels ont ainsi créé de grandes tranchées et des éperons correspondants de roche plus dure. Puis ces éperons étroits ont commencé à s'éroder, les roches les plus friables se morcelant. Quand toute une section d'éperon s'effondrait, il subsistait fréquemment une tour isolée. Si un éperon présentait un simple trou d'aiguille, le vent jouait le rôle du sculpteur suprême, tel un Michel-Ange de la Nature. Et quand le trou devenait suffisamment grand, voilà, une arche était née. Grâce à une géologie unique, cette zone assez restreinte compte la plus grande concentration d'arches au monde : on en a répertorié environ 1 500. Je suis un peu gêné d'avouer que, en une quinzaine de jours de randonnée, je n'en ai vu qu'une cinquantaine. Il y en a deux auxquelles je reviens toujours, comme le saumon retourne à sa rivière natale. Landscape Arch, qui a la plus longue portée au monde, est si fine et si fragile que je n'ai jamais osé marcher dessus : je sais qu'un jour elle s'effondrera, sans doute victime d'un grimpeur arrogant. Mais quand ? Demain ? Dans cinquante ans ? Delicate Arch est une charmante formation, isolée sur des hectares de slickrock d'un rouge orangé ; elle est si belle et si célèbre qu'elle figure sur les plaques des véhicules immatriculés dans l'Utah. L'admirer à l'aube procure un souvenir inoubliable.

Une des arches dans le cours tortueux du canyon du Maze. Nous avons trouvé dans la caverne située au-dessous des éclats de pierre taillée, ce qui nous a beaucoup intrigués...

À une heure de route au sud de Moab se trouve le parc national des Canyonlands, vaste zone principalement caractérisée par sa complexité. On y trouve une profusion de tours, de tertres, d'arches et d'éperons reliés par des couloirs labyrinthiques et des canyons. Cet enchevêtrement de falaises, de déserts et de canyons, qui s'étend sur 1 300 km^2, serait peut-être resté inexploré sans le grand boom de l'uranium qui intervint dans les années 1950.

Dans le cadre de la guerre froide, cette matière première devint un élément indispensable, et dès lors des centaines de mineurs, dont beaucoup travaillaient seuls, se déployèrent dans la région dans des Jeep ou à cheval. Pendant quelques années, ce fut comme une seconde ruée vers l'or. Fort heureusement, on trouva bien peu d'uranium. Néanmoins, les traces des véhicules sur le sol fragile du désert persistèrent longtemps. Le paysage, lui, conserve encore de légères cicatrices. Malgré ces signes de présence humaine, il est très facile de se perdre dans cet endroit, ce que corrobore la toponymie : the Labyrinth, Lost Canyon (canyon Perdu), Meander Canyon (canyon du Méandre). Et surtout the Maze (le Dédale), qui porte parfaitement son nom et a été décrit comme l'une des zones les plus reculées et les plus inaccessibles du bloc des quarante-huit États de l'Union. J'espère bien m'y rendre un jour.

À chaque fois que je passe par les falaises de Canyonlands ou les tours de Monument Valley, je me rappelle qu'autrefois j'ai fait de l'alpinisme. Je continue à chercher de nouveaux itinéraires, même si je pense que je n'en tenterais pas beaucoup.

Si j'ai passé des moments merveilleux encordé, certains autres, très mauvais, sont aussi vivaces dans ma mémoire que les cauchemars de la dernière nuit. Je me rappelle mes mains en sang comme couvertes d'une horrible confiture rougeâtre. J'ai encore la sensation des ampoules qui se formaient sous mes pieds alors que j'avançais péniblement sur des kilomètres de sable et de cactus pour atteindre un bloc sans nom de pierre brûlante qui s'effrite. Une fois, après être descendu en rappel sur 200 m le long d'une tour verticale prise sous un orage et m'être retrouvé détrempé et coloré en rouge par le grès, je jetai un coup d'œil sur les mousquetons que j'avais utilisés. Et j'eus le cœur soulevé : ils avaient été entaillés sur le tiers de leur épaisseur par l'abrasion combinée de la corde et du sable mouillé. À quelques rappels supplémentaires près, je ne serais plus là pour en parler.

Le Maze offre des formations rocheuses à l'architecture surprenante, dont l'ascension est passionnante quand on aime les supports fragiles. Ce paysage a été élaboré par le suintement de l'eau qui s'est étalé sur des milliards d'années.

Mais c'est en 1962 que j'ai connu mon expérience d'alpiniste la plus pétrifiante. À l'époque, j'étais à peine en âge de voter, et à plus forte raison d'avoir un jugement avisé. Je voulais vraiment escalader une flèche appelée l'aiguille de Cléopâtre, une redoutable formation de 70 m de haut, fine comme une lame de couteau. Ce sommet insolite n'avait été vaincu qu'une fois, six ans auparavant. Dans le récit de cette première ascension, quelques phrases m'avaient à la fois effrayé et intrigué : « Le deuxième homme n'a eu aucun mal à dégager les pitons. Sur les trente que nous avons utilisés, quelques-uns d'entre eux seulement ont dû être défaits au marteau. » Ce n'était sûrement pas vrai ! Cet automne-là, je voyageais avec Sharon, une petite amie qui n'était pas alpiniste. J'avais emporté mon équipement d'escalade, pensant que je pourrais apprendre à s'en servir à Sharon si nécessaire. C'était une fille courageuse, et à l'assaut de Cléopâtre je suis arrivé facilement à la faire monter sur une saillie d'assurage à 30 m de hauteur. Elle a levé la tête vers la section suivante, un mur totalement vertical de 40 m, mou comme du fromage et fendu d'une seule fissure à travers laquelle on voyait le jour. Sharon devint rétive, et moi non plus je ne voulais pas me frotter plus avant à Cléopâtre. Seulement, je fabrique beaucoup de testostérone, une substance qui pousse à toujours vouloir plus. Aussi, après avoir enseigné à ma compagne les rudiments de l'assurage et promis que je ne tomberais pas et qu'elle n'aurait pas à aller jusqu'au sommet, je me mis en route en enfonçant au marteau des pitons dans un grès à la consistance de beurre. Il s'agissait d'une escalade artificielle classique : un piton tous les mètres ou tous les deux mètres. Sur du granit, cela aurait été un rêve, mais là les pitons bougeaient sans arrêt sous mon poids, et quelques-uns de ceux placés en bas cliquetèrent sinistrement pendant ma progression. Au bout de deux heures, j'étais pétrifié par une peur bleue, trempé de sueur et couvert de poussière rouge. Si jamais un piton sautait alors que j'étais perché dessus, je n'aurais pas à m'inquiéter de l'assurage douteux qui me retenait : je déboulerais sur chaque piton et m'écraserais sur la saillie où se tenait Sharon. Comme cela se produit en arrivant près du sommet de toutes les ascensions artificielles, en tout cas j'en ai l'impression, je commençai à

Le cactus géant appelé saguaro (Carnegiea gigantea) *est tout à fait caractéristique des déserts du Sud-Ouest américain, au point qu'il figure sur les plaques des véhicules immatriculés en Arizona. Cette plante, qui peut atteindre 10 à 12 m de haut, abrite des animaux très divers, des chouettes et des serpents par exemple.*

manquer de pitons aux bonnes dimensions : j'en enfonçai au marteau de gros dans des fissures étroites et je tapotai sur de petits jusqu'à ce qu'ils disparaissent presque dans des fentes trop larges pour eux. Alors que je me sentais prêt à m'autodétruire par peur panique, je me hissai sur le minuscule sommet pour y découvrir les boucles de rappel laissées par l'équipe qui avait réalisé la première ascension, lesquelles achevaient de pourrir. Je redescendis sain et sauf, je ne sais trop comment, et retirai chemin faisant bon nombre des pitons avec les mains. Je retrouvai Sharon qui sanglotait tout à la fois de peur, de rage et de soulagement. Je lui promis que nous ne ferions plus d'escalade, et parole fut tenue pendant toute la semaine de séjour qui nous restait.

Après dix ans de ces bêtises, je commence à écouter plus attentivement les mots de Chuck Pratt, le célèbre alpiniste du désert : « Pour acquérir une idée durable de ce que le désert a à offrir, il a fallu apprendre à laisser de côté nos pitons et nos cordes, à aller explorer dans le silence en gardant les yeux grands ouverts. Cela n'a pas été facile. Nous avons perdu beaucoup de temps à escalader avant d'attraper le coup de main. » Et effectivement, une fois ma corde mise au rancart, j'ai éprouvé des sentiments beaucoup plus positifs envers la région.

Ce que j'ai actuellement en tête n'est ni un rappel périlleux ni un piton qui bouge, mais plutôt un voyage de courte durée qui combinerait de nombreux éléments parmi ce que j'aime le plus dans les montagnes du Sud-Ouest. Mon ami Dave Cook et moi avions envisagé de faire de la randonnée et de l'escalade dans les Superstitions, une petite chaîne très réputée d'Amérique du Nord. Comme des enfants, nous avons la vision fugitive où nous découvrons la légendaire Mine perdue du Hollandais, à propos de laquelle les rumeurs ont commencé à circuler il y a cent trente ans : un vieux mineur un peu fou sortait en secret de grandes quantités d'or de la montagne. Des gens moururent ou disparurent en tentant de trouver sa supposée mine, puis le Hollandais trépassa. Les rumeurs s'amplifièrent alors : on avait trouvé une carte qui pourrait être la sienne. Sans doute serait-il possible de décoder les inscriptions sibyllines portées sur cette carte de provenance douteuse. Si incroyable que cela puisse paraître, il y a encore aujourd'hui des aventuriers qui passent les montagnes au peigne fin à la recherche de ces richesses perdues. Et nous allions nous retrouver parmi eux, même si bien sûr nous voulions juste avoir une excuse pour sortir en altitude.

Pour moi, la tête de piste du bord sud des Superstitions, c'est le nirvana : j'aime à la fois les pics pointus, les cactus et les oiseaux, et là-bas ils s'y trouvent combinés de splendide façon. Parmi les dix à quinze variétés de cactées du Sud-Ouest, la plus courante est représentée par le saguaro, l'emblème de l'Arizona. Cette immense plante cannelée, pourvue de multiples bras, constitue l'une des composantes les plus étranges du désert. Des chevêchettes des saguaros et des pics de Gila y nichent à l'intérieur : on entend ces derniers même les fenêtres de la voiture fermées. Des géocoucous et des moqueurs à bec courbe passent devant à toute vitesse. Des faucons montent en flèche au-dessus.

Nous commençons à remonter un chemin en pente douce, au milieu des fleurs sauvages. Quelques minutes plus tard, nous apercevons quelque chose que jamais

PAGE DE DROITE : trois pinacles (les fameuses « plumes ») chapeautent l'Eagle Tail Peak, dans le désert de Sonora. Au premier plan, Rusty Baillie s'apprête à atteindre le plus haut des trois sommets. Ce jour de Nouvel An offre un temps idéal pour cette ascension.

je n'avais vu et n'ai revu depuis : un effrayant monstre de Gila, le plus gros lézard d'Amérique du Nord, 45 cm de longueur. Son corps est ponctué de rouge et de jaune. Il nous fixe de ses yeux primitifs. Nous savons qu'il est venimeux et aussi que c'est un animal qui se déplace lentement. Pendant quelques minutes, nous échangeons tous les trois des regards avec solennité, puis David et moi poursuivons notre route vers un col qui domine notre véritable but : pas la Mine perdue du Hollandais, non, mais Weaver's Needle, l'« aiguille du Tisserand », une flèche menaçante à 1 kilomètre et demi de là. L'ascension de cette tour, pas technique en général, s'effectue en douceur, et nous en redescendons dans la lumière de fin d'après-midi en poussant des cris d'Indiens.

Le crépuscule arrive bientôt, mais cela ne nous gêne pas car nous avons apporté deux éléments essentiels, des sacs de couchage et du vin. Nous découvrons vite une corniche qui nous offre un beau point de vue vers le nord. Et là, assis sous le clair de lune, nous discutons des heures et des heures du Hollandais, de trésors, de monstres, de saguaros, de canyons et de désert. Finalement, alors que minuit approche, nous prenons tous deux conscience du silence total environnant.

Il est temps d'arrêter de bavarder, d'écouter le néant, de dormir quelques heures avant d'affronter le jour suivant et les aventures qui, à n'en pas douter, seront au rendez-vous.

Rusty Baillie sur l'un des murs à pic des Granite Dells, excellente zone d'escalade située non loin de Prescott (Arizona). À proximité se trouve une région montagneuse beaucoup plus vaste, Granite Mountains. Sous l'impulsion de Baillie et de ses étudiants du Prescott College, cet endroit est devenu un centre d'escalade de tout premier plan.

SUD-OUEST DES ÉTATS-UNIS – FICHE PRATIQUE

PLANTONS LE DÉCOR

Cette vaste zone couvre des déserts d'altitude jonchés de petites chaînes de montagnes et d'affleurements. Le sol étant composé surtout de grès, l'érosion a donné naissance à des formations spectaculaires; toutefois, on rencontre de nombreuses zones d'origine volcanique.

Cette région est caractérisée par la vallée du fleuve Colorado. Son cours, qui va des Rocheuses à la mer de Cortés, traverse d'extraordinaires canyons, visités pour la première fois en 1869 par John Wesley Powell, héros de la guerre de Sécession. La plus grande partie de cette contrée désertique demeura inexplorée jusqu'au boom lié à l'uranium, au début des années 1950. Le Shiprock fut escaladé pour la première fois en 1939, et ce n'est qu'en 1956 que démarra véritablement l'alpinisme dans le désert.

L'ACCÈS

De vastes zones de l'Arizona, de l'Utah et des Four Corners sont propriétés privées à des titres divers. L'accès aux parcs nationaux s'effectue en général après paiement d'un droit d'entrée, et un permis de randonner est exigé pour camper ou bivouaquer.

Le Shiprock, le Spider Rock, le Totem Pole ainsi qu'un certain nombre de formations rocheuses spectaculaires situées dans les Indian Lands, notamment chez les Navajos, sont strictement interdits à l'escalade.

Les distances sont grandes, mais le réseau autoroutier est excellent. Certaines approches, qui s'effectuent par des chemins de terre, se révèlent impossibles après de fortes pluies. Les véhicules à moteur sont interdits hors de la route dans de nombreuses zones fédérales, et il faut souvent marcher longtemps pour parvenir à des panoramas ou à des sites d'escalade.

L'été étant très chaud, le printemps et l'automne constituent les meilleures saisons pour la randonnée et l'escalade; toutefois, même à ces périodes, on prendra soin de toujours emporter avec soi une provision d'eau suffisante. L'hiver, lui aussi, peut être très agréable, les chutes de neige conférant un grand attrait aux randonnées d'altitude entre décembre et mars.

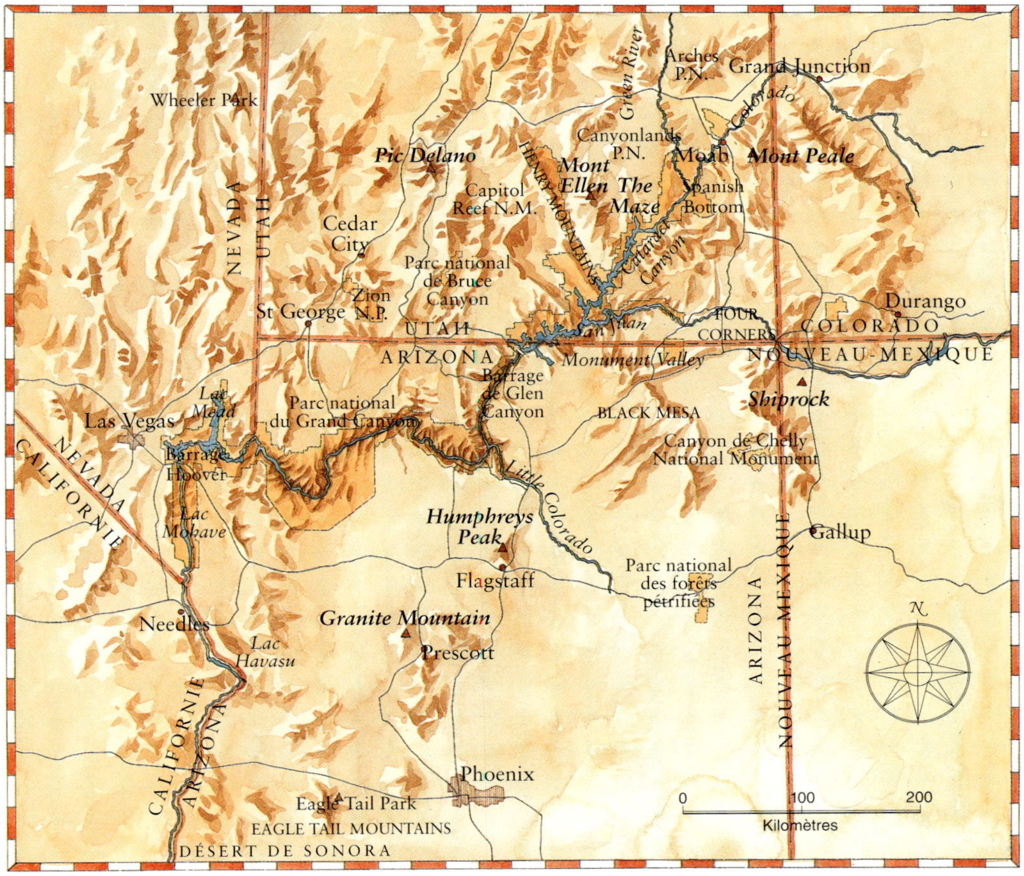

LA RANDONNÉE ET L'ESCALADE

Les possibilités de randonnée, dans un cadre superbe de montagnes ou de canyons, sont innombrables. S'éloigner des sentiers battus est cependant risqué: on se trouve isolé dans une région très vaste et très chaude, qui recèle des dangers, notamment crues subites et crotales. On conseillera aux débutants, avant de se lancer dans des excursions de plusieurs jours dans des zones isolées, de s'initier à la région en suivant des pistes fréquentées.

Les formations de grès invitent certes à l'escalade, mais la roche y est mauvaise et, souvent, les itinéraires difficiles et les techniques à mettre en œuvre sont réservés aux alpinistes expérimentés. Les zones granitiques sont plus faciles d'accès. Des endroits comme Granite Mountain, près de Prescott, sont bien équipés pour accueillir les grimpeurs.

La Salle Mountains :	
Mount Peale	*3 877 m*
Henry Mountains :	
Mount Ellen	*3 540 m*
Zion National Park :	
Great White Throne	*2 056 m*
The Watchman	*1 998 m*
Monument Valley Tribal Park :	
Totem Pole	*100 m*
Fishers Towers Group :	
Castleton Tower	*2 029 m*
The Titan	*1 707 m*
Granite Mountain	*2 347 m*
Shiprock	*2 188 m*
Eagle Tail Peak	*1 007 m*
Spider Rock	*250 m*

Imprévisibles Montagnes

Patagonie

JOHN CLEARE

*« Derrière nous s'étend un paysage lunaire dans lequel
l'immense glacier ridé de crevasses descend de la calotte glaciaire
où se fondent l'horizon et les nuages. Devant nous, c'est un monde
différent. Les pentes dévalent jusqu'à une vallée ensoleillée tapissée
d'un mur de sommets escarpés et striés de neige.
Un lac bleu comme l'azur, entouré de forêts, étincelle dans le soleil.
Si jamais une vallée a fait un signe de bienvenue, c'est bien celle-là. »*

Le vent féroce arrive par grandes rafales. Tout ce que je peux faire, c'est attendre qu'elles meurent en me plaquant contre une anfractuosité rocheuse de la crête. Ce n'est pas le genre d'endroit à faire un faux pas, car les prises sont branlantes et l'exposition redoutable. Nous aurions dû nous encorder, mais, échelonnés comme nous l'étions le long de l'arête, la corde aurait été comme un objet vivant, quelque chose d'impossible à manier, et aurait constitué un danger plutôt qu'une sécurité. La crête monte légèrement et s'aplatit ensuite en une bosse faite de dalles. Devant, des pans de roc tombent à pic et quelques pierres entassées indiquent le chemin du sommet. Accroupis autour du cairn, nous nous congratulons mutuellement, mais nos paroles sont emportées par la violence du vent. Nous venons de terrasser le cerro Almirante Nieto, un modèle réduit de montagne, mais un sommet de Patagonie digne de respect. J'y suis, enfin.

Cela faisait trente ans que je l'attendais, ce moment. Les incroyables flèches du Paine suscitaient l'intérêt des alpinistes quand des amis m'invitèrent à tenter de vaincre la Forteresse. Mais la prévision d'un congé n'avait guère enchanté mes partenaires professionnels, et, comme ma carrière primait, mes amis ont escaladé la Forteresse sans moi. La guerre des Malouines, en 1983, qui opposait la Grande-Bretagne à l'Argentine, avait fait capoter tous les projets ultérieurs. Ensuite, Royal Robbins, un alpiniste américain renommé, m'avait affirmé qu'il ne fallait pas escompter faire l'ascension de la Forteresse si j'allais en Patagonie.

« L'escalade est terriblement difficile même si le temps n'est pas toujours mauvais. Mais en haut, il y a continuellement des tempêtes. Non, mon vieux, si c'est de l'alpinisme que tu veux faire, reste donc en Californie. Là au moins il y a du soleil. Cela dit, si tu persistes, vas-y pour faire de la randonnée ou bien des photos : les paysages sont aussi fantastiques que partout ailleurs. »

PAGE *84 : le cône d'écoulement du glacier de los Perros, dans le massif du Paine Grande.*

Traversée au retour du sommet sur la crête effondrée du cerro Almirante Nieto ; on ne réalise pas la violence du vent contre lequel nous avons dû lutter. Le lac Torres se trouve sur la gauche. Au-delà du rio Paine et du lac Azul, des contreforts de couleur fauve se déroulent vers les pampas argentines.

Cette photo a été prise également à partir du cerro Almirante Nieto, dans le sens opposé à la précédente. Au-delà des crêtes sud de los Cuernos, c'est une région de lacs située au sud du massif du Paine. Au centre, le lac Nordenskjöld; plus loin, le lac Pehoe; au fond, la tête du fjord de la tortueuse Ultima Esperanza : c'est la mer…

Une autre occasion finit par se présenter à moi, et, avec plusieurs amis, je programme de faire les deux plus célèbres sommets de Patagonie : le Fitzroy, en Argentine, et le Paine, au Chili. Tenant compte de l'avertissement de Royal Robbins, nous décidons de commencer par randonner autour de chaque massif avant de faire une tentative rapide sur un sommet pas trop difficile : ces deux expéditions, même si elles sont assez ambitieuses, nous donneront un bon aperçu des différentes zones. Elles doivent pouvoir s'effectuer quel que soit le temps, et, si jamais les éléments nous empêchent de faire plus tard une ascension, au moins nous n'aurons pas perdu plusieurs jours à faire le siège en vain. J'apprends que le circuit du Paine, à lui seul, prend au moins une semaine en général. Or, compte tenu du vol de retour que nous devons prendre, nous ne disposons que de huit jours.

Puis je découvre que la portion orientale du circuit du Paine a peu d'intérêt. Si nous pouvions l'éviter en traversant la principale crête par la vallée aveugle du rio Ascensio, au cœur du massif, nous pourrions escalader le cerro Almirante Nieto, un objectif intéressant qui ne pose apparemment pas trop de difficultés, mais aussi visiter les célèbres tours du Paine toutes proches.

Al Stevenson face au front étrangement malveillant de l'immense glacier Grey. L'endroit est absolument angoissant, surtout par le temps maussade qu'il nous a offert. La surface du lac est seulement à 150 m au-dessus du niveau de la mer. Le glacier, à cet endroit, fait actuellement 4 km de large. Mais comme il est fendu par l'avancée de forêt que l'on distingue sur la gauche, on ne voit que le tiers du front.

Mais je ne parviens pas à trouver mention d'un col, et on me dit qu'il n'est pas possible de faire une traversée sans s'encorder ; les photographies que j'avais vues ne le laissaient pas deviner. Nous décidons que cela vaut le coup d'essayer.

J'interprète comme un mauvais présage le fait de démarrer une journée d'ascension avec le mal de mer. Daniel, notre contact sur place, a eu la bonne idée d'organiser pour nous la traversée du lac Pehoe dans une petite embarcation de pêche : cela nous fait gagner une journée de marche en partant de la maison forestière. Tandis que l'embarcation avance poussivement vers l'aval, nous sommes gratifiés d'une vue célèbre de la cordillère du Paine depuis le sud : les bizarres tourelles de Los Cuernos toutes dorées dans le soleil du soir. Le cerro Almirante Nieto et le Paine Grande, quant à eux, boudent sous un chapeau de nuages sombres.

Mais une fois hors de la cabine de l'embarcation, on a l'impression d'être dans le détroit de Drake, entre cap Horn et Antarctique : des vagues courtes et abruptes

s'écrasent contre la coque, une grêle horizontale fouette le pont. Nous nous précipitons dans la cale pour descendre un excellent vin du Chili pendant qu'il en reste : erreur fatale, ce sont huit marins mal en point qui débarqueront en titubant dans l'obscurité pour monter leurs tentes sur un rivage balayé par la pluie. C'est décidément un début un peu insolite pour découvrir des montagnes uniques.

Notre itinéraire commence par le flanc ouest ; ensuite, nous passons un col pour retrouver le système de vallées qui le sépare, au nord, du Hielo Sud, la calotte glaciaire de Patagonie. Pendant une journée, nous nous balaçons le long des rives du lac Grey sur un chemin battu par une pluie incessante et presque glacée. Tout est gris : l'eau, le ciel et les nuages, qui, de temps à autre, se déchirent suffisamment longtemps pour nous laisser entrevoir la neige fraîche qui recouvre les flancs escarpés du Paine Grande. Notre moral aurait sans doute lui aussi pris cette teinte grise si nous n'avions été des Britanniques habitués aux montagnes arrosées par la pluie. Je me demande si Grey, le nom du lac, constitue un hommage à un quelconque pionnier ou plutôt une appellation ironique faisant référence au temps le plus courant ici.

Des bois ouverts donnent accès à de vastes forêts pluviales de hêtres datant de Magellan, imposants arbres à feuillage persistant caractéristiques de ces paysages du Sud. Nous campons à proximité d'un refuge délabré sur un rivage rocheux, d'où nous observons de curieux icebergs qui dérivent sur le lac. Le lendemain, la pluie a cessé ; pour autant, le ciel est morne et menaçant tandis que nous descendons vers l'imposant front de l'immense glacier Grey, la source des icebergs. Par ce temps maussade, il a l'air étrangement malveillant ainsi dépourvu de toute couleur : un endroit sans vie, froid et humide en permanence. Au-dessus du glacier, notre piste, qui désormais se réduit à des traces, se poursuit sur des pentes abruptes couvertes de forêts ; nous entrons jusqu'aux genoux dans la verdure sous les grands arbres, en contournant ou en franchissant fréquemment des troncs abattus. Et nous campons de nouveau, cette fois sur de petits replats de terre étayés de racines noueuses, avec au-dessus de nous la voûte céleste sombre.

« … De la neige à la dérive et des rochers nus. » La description de Kipling s'applique très bien au Paso Paine. Une escalade de 700 à 800 m à travers la forêt sombre, un combat dans les fourrés verticaux de hêtres nains puis sur des éboulis et des zones de neige finissent par nous mener à un large col. Derrière nous s'étend un paysage lunaire dans lequel l'immense glacier ridé de crevasses descend de la calotte glaciaire où se fondent l'horizon et les nuages. Devant nous, c'est un monde différent. Les pentes dévalent jusqu'à une vallée ensoleillée tapissée d'un mur de sommets escarpés et striés de neige. Un lac bleu comme l'azur, entouré de forêts, étincelle dans le soleil. Si une vallée a jamais fait un signe de bienvenue, c'est bien celle-là. »

Mais la suite de notre progression est moins simple que cela en a l'air. Nous descendons gaiement les éboulis réchauffés par le soleil et sautons par-dessus des ruisselets mousseux pour pénétrer dans la zone des hêtres nains. Les buissons

enchevêtrés croissent dans des marais gluants, sans aucune piste visible ; et c'est donc après bien des efforts frustrants que nous finissons par atteindre le fond de la vallée, crottés de boue mais pas vaincus. Des marguerites jaunes poussent en touffes parmi les pierres à côté du torrent vif dans lequel nous lavons guêtres et bottes avant de le traverser sur un pont de rondins pour retrouver le lac. Daniel et Horacio partent le long du rivage tandis que les autres s'étirent au soleil pour se sécher. En cherchant aux alentours des photos à faire, j'observe plusieurs icebergs miniatures qui s'éloignent sereinement du front de la chute glaciaire qui dégringole de l'autre côté du lac. Je réfléchis à la façon d'atteindre le glacier au-dessus et me demande si les sommets environnants ont des noms.

Le rio de los Perros (la « rivière des Chiens »), alimenté par les eaux du lac, est un torrent large et puissant. Horacio nous explique que ce nom lui fut donné par un berger pionnier qui perdit ses chiens en tentant de le franchir. Ensuite l'élevage avait cessé, le parc national était venu s'installer et maintenant il y avait une passerelle bien propre en fil de fer et rondins. En descendant la piste, nous croisons un groupe dépenaillé d'étudiants chiliens qui vont en randonnée ; leurs

Le paysage lunaire du glacier Grey, photographié à proximité de la limite supérieure du hêtre en aval du Paso Paine. Bien qu'en recul, le glacier s'étend encore sur près de 20 km à partir de la calotte glaciaire. Nous avons été intrigués et tentés par l'aiguille située à droite, qui semble culminer à 1 800 m et ne porte pas de nom.

vêtements « sport tendance » et leurs sacs à dos bourrés auxquels sont attachés matelas et gobelets indiquent qu'ils sont aussi perdus que mal équipés. Ils arriveraient sans doute à survivre à moins d'une terrible tempête sur le col, mais leur expérience leur servirait-elle ? Nous ne pouvons que leur souhaiter bonne chance. On n'arrête pas le progrès !

Un long parcours de 10 km nous mène, après une descente de la vallée et une courbe, au bord du lac suivant, le grand lac Dickson. Le trajet s'est effectué la plupart du temps à l'intérieur de la forêt primaire, et la fatigue nous l'a rendu pénible : le sol de la forêt, tapissé d'herbe luxuriante et jonché de fleurs sauvages, est barré de troncs et de branches. Je suis content de faire ce trajet en descente et non en montée. Parfois, sur des buttes dominant la rivière, on trouve des clairières d'où, au-dessus de la cime des arbres, on voit luire dans le soleil de l'après-midi les parois nues de la Tête de l'Indien, du Bouclier et du Trident. Il faudrait bien que nous finissions par trouver une façon de franchir cette crête.

Le lac Dickson s'étend sur environ 8 km à partir de l'endroit où le rio Paine est né du glacier Dickson, le bras tourmenté de la calotte glaciaire qui devient son extrémité septentrionale. J'ai lu quelque part que l'on considère que, au cours du

Mon compagnon Mike Parsons est déjà au sommet du Paso Paine. J'ai hâte de le rejoindre pour regarder vers la vallée de los Perros, au-delà de la crête. La montagne coiffée de nuages représente l'extrémité nord du massif du Paine Grande ; la crête principale de la cordillère Paine s'étend au-delà.

CI-DESSOUS : la vallée du rio Paine s'orne ici de saxifrages au premier plan. Au loin, le cerro Ohnet se dresse au-dessus du lac Dickson, que l'on distingue à peine.

PAGE DE DROITE : réputées dans le monde entier, les tours du Paine dominent le petit lac Torres, dans un paysage inquiétant et spectaculaire de granit et de glacier en phase de recul. La Tour centrale fut escaladée pour la première fois en 1963 par Chris Bonington et Don Whillands. La tour Sud, à gauche, est légèrement plus haute.

siècle écoulé, la glace a reculé de 1 500 m vers le lac. Maintenant, la grande cascade se jette dans le lac du plateau par un portail d'escarpements. C'est une vision spectaculaire qui méritait d'être contemplée de plus près, mais nous n'avons pas de temps pour y consacrer trois jours. Nous sommes en train de monter nos tentes près du rivage quand Daniel nous appelle, perché sur un monticule peu élevé recouvert de marguerites :

« Peut-être que c'est la maison de Mister Dickson ? » suggère-t-il avec son accent du pays.

Effectivement, ce monticule est sans doute ce qui restait de la cabane de rondins profilée en tente. À proximité se trouve un massif de groseilliers à maquereau ainsi que les vestiges pourrissants d'une clôture qui délimitait ce qui avait été une prairie. Mais c'est un bel endroit, si l'on fait abstraction de l'atmosphère de tristesse et de capitulation qui imprègne si souvent les lieux abandonnés.

Des arcs-en-ciel jouent entre les averses quand, nous remettant en route, nous descendons la large vallée du rio Paine. Région attirante, des prairies envahies d'herbes en fleurs, des rangées de buissons avec, de temps à autre, les fantômes de troncs d'arbres squelettiques. Sur la piste très fréquentée, nous rencontrons un autre groupe de jeunes randonneurs :

« Quelqu'un a dû faire un papier sur le Paine dans un magazine pop de Santiago, se plaint Fowler.

– À l'université, les vacances d'été sont longues, explique Daniel.

– J'pourrais certainement leur vendre des trucs corrects, déclare Mike, qui est fabriquant d'équipements de plein air. Sûr que l'Amérique du Sud, c'est un énorme marché porteur dans le secteur des loisirs. »

À chaque occasion j'examine aux jumelles le mur sud de la vallée. Bien que haut et strié de neige, il offre vu d'ici un aspect beaucoup moins redoutable. À mesure que nous approchons du lac Paine, les sommets sauvages près du lac Dickson cèdent la place à des montagnes plus basses et plus arrondies. Cela valait le coup d'essayer d'y parvenir.

Nous n'avons pas volé notre repos, et dressons donc tôt le campement, près de l'extrémité occidentale du lac. Un cavalier entre dans le camp en menant un *burro*, un âne : c'est le gaucho dont Daniel s'est assuré les services pour nous apporter de la nourriture. À ma demande, Daniel s'enquiert auprès de lui s'il connaît une traversée de la crête permettant d'arriver à la gorge d'Ascensio. Nous avons droit à un non catégorique, puis à un commentaire (*muy intransitable*, « complètement infranchissable ») suivi de nombreux signes de la main. Nous mangeons un steak et buvons un bon vin rouge : demain sera un autre jour…

Et nous voilà en train de monter le versant chargés de sacs à dos bien lourds. Mais nous sommes un brin excités, parce que pour nous c'est un terrain nouveau. En fait de pente herbeuse, c'est très

raide. Nous rencontrons au début des fleurs très colorées et des buissons curieux, mais, passée la cascade au ravin profond, la végétation se fait plus rare, plus alpine aussi. La vue s'ouvre sur la vallée. Au-dessus du lac Dickson, le cerro Ohnet se tient au loin près de la calotte glaciaire (cela semble une contrée intrigante), tandis que les méandres étincelants du rio Paine serpentent vers un beau delta dans le lac Paine tout bleu. Oui, je me rends bien compte que le terrain va devenir de moins en moins intéressant en aval du lac.

Nous avons dû gravir 1 200 m implacables, et la matinée ensoleillée a fait place à un après-midi tranquille, maussade et couvert avant que nous n'atteignions le bord du cirque dont je soupçonnais la présence au-dessous de la crête. L'endroit est étrange, avec des rochers noirs émaillés de plaques de neige qui enserrent un lac bleu indigo. Une bande de quartz blanc lacère de façon surréaliste les roches noires qui se dressent jusqu'à un sommet pyramidal. Deux condors volent en cercle en épiant chacun de nos mouvements. Une pente neigeuse toute droite monte jusqu'à un large col à la tête de la gorge.

Parvenir à un col constitue toujours un moment fort, surtout quand on n'est pas vraiment sûr qu'il s'agisse d'un col. Cette fois-ci, j'ai de réelles appréhensions en finissant par le franchir. Des pentes de névé faciles mènent à une large gorge.

Les flancs nord-ouest des tours du Paine sont moins intimidants, même si leur sommet est encore à 1 500 m au-dessus de nous. La photo a été prise de la tête du glacier de l'Ascensio, à l'endroit où la vallée s'incurve derrière les Tours. C'est à cet endroit que, en 1963, l'expédition britannique établit son camp de base avant d'entreprendre l'ascension de la Tour centrale via l'encoche la séparant de la tour Nord, sur sa gauche.

Sous le bord de celle-ci, le sol est invisible ; mais à regarder la gorge boisée au loin et, au-delà, les contours des pics couronnés de nuages, il est certain qu'il s'agit du Bouclier. Je suis donc juste sur la ligne de partage des eaux, et j'ai la vallée de l'Ascensio en aval de moi.

Mike Parsons et Al Stevenson font traverser un puissant torrent à leurs sacs à dos. Ils se trouvent dans la forêt de hêtres dense située près de la tête de la vallée de l'Ascensio. Le franchissement de cours d'eau est fréquent en Patagonie et peut, bien sûr, se révéler un exercice périlleux : plus d'un alpiniste y a laissé la vie.

Je pousse un soupir de soulagement, sans éprouver la moindre fierté. Tout le monde exulte, mais le vent est mordant et nous ne sommes pas encore rendus en bas. Une agréable glissade nous mène rapidement jusqu'à la limite des neiges. Arrivés là, nous déjeunons à la bonne franquette, sur le rivage moussu, abrités par un gros bloc rocheux, tandis que s'abat une tempête de grêle. Nous attendons qu'elle cesse, puis poursuivons notre descente, évitant ici un rocher, là un ravin enneigé. Nous luttons dans la zone où les hêtres nains sont omniprésents, pénétrons dans la forêt proprement dite et nous retrouvons au fond de la vallée sur les berges d'un torrent tumultueux. Nous cherchons quelques minutes avant de repérer un tronc abattu en travers du cours d'eau que je passe avec précaution, répugnant à me mouiller alors que nous en sommes au dernier passage difficile. Mais, un peu plus loin, notre chemin est barré par un autre torrent, plus large et plus farouche encore. Sa couleur gris-vert laiteux nous indique qu'il s'agit du principal émissaire descendu du glacier de l'Ascensio. Cette fois, il n'y a pas de tronc pour nous aider. Nous devons sauter de bloc en bloc en jouant les équilibristes. Nous parvenons ainsi jusqu'à mi-largeur, mais pour la dernière partie, qui est intimidante, il vaut mieux ne pas avoir le dos chargé. Chaque sac est donc péniblement jeté vers l'avant avant que son propriétaire ne fasse le grand saut. Mike passe en dernier : de l'eau jusqu'aux chevilles, il avance de façon précaire d'une pierre glissante à l'autre. Il atteint le bloc final quand, tout à coup, son sac lui tombe des épaules. On le voit chuter dans l'eau tumultueuse, tantôt à la surface et tantôt immergé. Mike reste planté, stupéfait, serrant le harnais rompu, tandis que les flots tempétueux se brisent à ses pieds.

Heureusement, Horatio est parti en éclaireur quand il nous a entendu crier : il entre dans l'eau glacée et parvient à récupérer le précieux sac parti à la dérive. Mike en vérifie l'irremplaçable contenu, nous expliquant qu'il ne s'agit que d'un prototype et que le système de fixation sera repensé.

Et nous finissons par arriver au camp de base des Torres. Deux groupes d'alpinistes y ont élu résidence : leurs tentes, où de la fumée s'échappe des fentes, sont complétées par de sordides appentis en rondins couverts de vieilles toiles de bâche. Malgré un temps relativement clément, les occupants ne font pas grand-chose à part aller chercher de l'eau. Alastair explique à Daniel qu'ils « dépriment », comme disent les alpinistes : ils se trouvent dans un état d'esprit défaitiste dont il leur est difficile de se défaire.

Il nous reste deux jours et une montagne à gravir. La route vers le cerro Almirante Nieto apparaît simple. De longues pentes au-dessus du lac se rétrécissent en formant un couloir assez large qui barre les falaises jusqu'à un replat bien visible. Sûrement que les pentes et les crêtes enneigées doivent mener au pic ? Ce

La silhouette du cerro Ferrier (1 600 m) est typique de cette région. C'est une montagne située entre l'extrémité sud du lac Grey et le glacier Tyndall, qui est l'un des principaux bras sud de la calotte glaciaire de Patagonie. La photographie illustre bien le paysage, la végétation et les couleurs qui caractérisent le parc national situé au-delà du Paine ; elle a été prise sur les rives du lac del Toro.

sommet que j'évalue à plus de 2 000 m d'altitude par rapport au point où nous sommes. Mais eu égard à notre bonne forme physique, je pense que, en partant tôt, nous aurons le temps de faire l'ascension puis la descente dans la journée.

Alors que nous nous mettons en route à l'aube, une sueur froide me coule dans le dos sous mon sac légèrement rempli : cette sensation m'est familière. Je m'arrête fréquemment pour contempler les trois redoutables tours qui se dressent tels des doigts pointés de l'autre côté du lac. En revanche, ce genre de diversion n'est plus possible dans le couloir, et nous progressons à grand-peine en franchissant difficilement des blocs de pierre et des éboulis. Cette section de 500 m nous semble interminable. Nous sommes soulagés de nous retrouver sur une étroite arête dressée qui domine les champs de glace suspendus du lac Nordenskjöld, lequel est bien loin maintenant. Un mur de dalles dégouttant de neige fondue garde le replat, nous offrant deux longueurs de corde intéressantes et un assurage. Nous évitons le replat par une traversée au-dessus du couloir, puis passons dans un ravin rempli de neige qui nous amène en aval des fortes pentes enneigées qui doivent se terminer sur la crête sommitale. Tandis que nous dégageons la neige, je me rappelle avoir pensé à quel point je suis bien, à quel point j'ai envie d'un déjeuner au sommet, en plein soleil, face à une vue fantastique. Mais voilà que nous émergeons sur la crête, dans la réalité, sous la morsure des bourrasques.

« Ainsi donc c'est ça, la Patagonie, me dis-je en cherchant mes prises. C'est imprévisible mais, comme dirait Robinson Crusoé, c'est aussi stupéfiant que n'importe où ailleurs. »

PATAGONIE – FICHE PRATIQUE

PLANTONS LE DÉCOR

Le massif du Paine se trouve à l'extrémité sud du Hielo Sud, calotte glaciaire de Patagonie méridionale qui s'étend sur plus de 320 km le long de la crête des Andes, et dont la ligne de partage des eaux sépare l'Argentine du Chili. Cette chaîne compacte offre des flèches de granit et des parois rocheuses prodigieuses. Issue d'une glaciation extrême opérée en une fois, elle est séparée de la calotte glaciaire par une vallée boisée ; au sud, elle s'élance de steppes vallonnées pour monter à pic ; de nombreux lacs la ponctuent.

On y trouve des prairies fleuries où paissent des troupeaux de guanacos. Plusieurs petits glaciers parviennent encore jusqu'aux forêts de hêtres à feuillage persistant. Exploré pour la première fois dans les années 1870, le Paine fut une zone consacrée à l'élevage jusqu'au début du XXe siècle. Il a été déclaré parc national en 1959, juste après que des alpinistes français et italiens en eurent découvert le potentiel.

L'ACCÈS

Malgré son éloignement, l'accès au Paine est assez facile via Buenos Aires et/ou Santiago, et les aéroports internationaux de Punta Arenas ou de Rio Gallegos (Argentine). De là, on termine le voyage en autocar (lignes régulières) ou en empruntant une voiture de location.

Bien géré, le parc national comporte un intéressant centre d'accueil et d'information. Le droit d'entrée est insignifiant, mais le camping est soumis à une stricte réglementation, et il est nécessaire de se procurer un permis d'escalade. La randonnée est une activité courante ; malgré l'existence de plusieurs *refugios* rudimentaires, il est conseillé de prévoir des nuitées sous la tente. Des *arrieros* (muletiers) et des *burros* (ânes) peuvent se réserver sur place. On peut s'approvisionner à Puerto Natales, ville distante d'environ 150 km, mais certains prestataires organisent sur demande la logistique des opérations.

Le temps est humide, venteux et imprévisible, les orages sont fréquents. La meilleure période de séjour se situe entre décembre et le début mars.

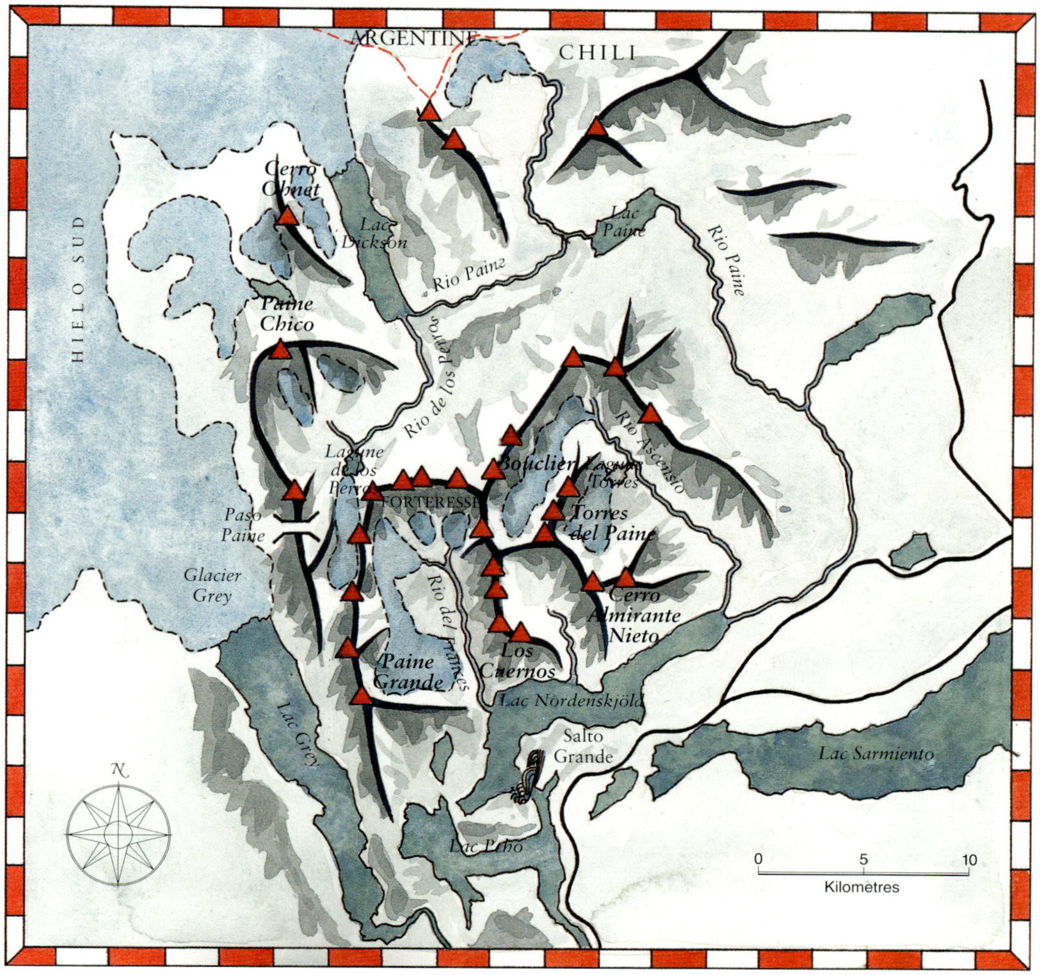

L'ALPINISME ET LA RANDONNÉE

Le Paine Grande, le sommet le plus haut, vaincu en 1958, est un pic de neige et de glace, mais les alpinistes y viennent surtout pour les murs qui vont jusqu'à 1 500 m d'altitude sur les aiguilles. S'il ne reste plus de sommet vierge dans le secteur, de nouvelles voies restent à ouvrir.

Le cerro Almirante Nieto, seul grand sommet accessible aux alpinistes de niveau moyen, offre un superbe point de vue au bout d'une longue journée de marche au départ du lac Torres. Il existe aussi d'autres possibilités d'alpinisme au nord-ouest du massif principal.

La carte laisse supposer l'existence de courts circuits de randonnée ; en fait, le trajet classique consiste en un tour du massif, qui prend sept jours environ à partir du poste forestier de Guardaria Pehoe ; le texte de John Cleare en évoque une variante.

Paine Grande	*3 050 m env.*
Forteresse	*2 700 m env.*
Cerro Almirante Nieto	*2 670 m env.*
Torres del Paine :	
Torre Sud	*2 500 m env.*
Torre centrale	*2 460 m env.*
Bouclier	*2 450 m env.*
Trident	*2 300 m env.*
Tête de l'Indien	*2 230 m env.*
Los Cuernos – Central	*2 100 m env.*
Cerro Ferrier	*1 600 m env.*

Des Incas et des Andes

Andes Péruviennes

MIKE BANKS

« Je l'ai vu cent fois sur des cartes postales, mais, tout comme le Taj Mahal ou les Pyramides d'Égypte, l'original ne nous déçoit pas. La beauté saisissante du site et les superbes terrasses superposées produisent leur impact : assis et silencieux, nous absorbons les montagnes comme, avant nous, l'avaient fait les Incas. »

C'était une lacune à combler. À soixante ans, j'avais fait de l'escalade dans la plupart des grands massifs du monde, à l'exception toutefois des Andes, le plus long de tous puisqu'il s'étend sur 6400 km à partir du Venezuela, au niveau de l'équateur, jusqu'aux régions subantarctiques. C'est donc en poussant un grand oui enthousiaste que je réponds à Mike Westmacott, alors que celui-ci n'a pas encore formulé totalement son invitation à participer à un voyage combinant randonnée et alpinisme dans les Andes péruviennes. Nous sommes donc cinq à prendre, en août 1983, un vol jusqu'à Lima sur une compagnie sud-américaine qui nous autorise une quantité de bagages inhabituelle mais bienvenue : 40 kg. Au retour, on ne nous accordera plus que 20 kg. « C'est logique, nous expliquera un vieux routier. Vous savez, on s'en fait faucher la moitié en moyenne au Pérou ! Ici, les voleurs arrivent à vous piquer vos chaussettes sans enlever vos chaussures ! »

Compte tenu de cette prédisposition des autochtones à faire une redistribution des biens en leur faveur, on nous avait avertis à l'avance que ce serait une folie d'envisager une approche sans être accompagnés. Nous nous plaçons donc entre les mains expertes d'Explorandes, la première agence de trekking du Pérou, dirigée par Alfredo Ferreyros. C'est très rassurant pour nous de savoir qu'une équipe amicale et locale sera toujours là pour surveiller nos arrières.

La première personne que Mike Westmacott a invitée est son ancien chef de file sur l'Everest en 1953 : John Hunt. Celui-ci, qui affiche ses soixante-douze ans avec vigueur, est accompagné de Joy, sa charmante épouse, très en forme. Malgré son passé militaire, John est le moins autoritaire des hommes ; mais, avec sa voix douce, c'est un maître de la persuasion. Il suffit de discuter tranquillement avec lui pour s'étonner de s'être porté volontaire pour une tâche que l'on n'aurait acceptée pour rien au monde. L'épouse de Mike, alpiniste elle aussi, a l'honneur d'avoir été la première femme admise à l'Alpine Club de Londres. J'ai par ailleurs recruté Rawdon Goodier, alpiniste de commando de cinquante-six ans, qui est zoologue et botaniste ; enfin, il y a Bill Thomas, un varappeur de soixante et un ans originaire de Californie.

C'est à Lima que l'avion atterrit, sous un ciel plombé qui, avec l'aide généreuse de la pollution, crée une ambiance lugubre ; apparemment, celle-ci subsiste de mai à octobre, et porte le nom de *garua* ou *garuja* (« bruine »). À notre arrivée, Charles Wallace, ambassadeur de Grande-Bretagne, nous gratifie d'un déjeuner et d'un briefing personnel. Je suppose que ce traitement de faveur n'aurait pas été accordé à une équipe dépenaillée d'alpinistes si lord Hunt n'avait pas été des nôtres.

PAGE *98 : lamas à la tête de la Quebrada Upismayo, au-dessous de la face nord-est de l'Ausangate.*

Le lendemain, nous nous échappons de Lima et survolons les contreforts des Andes, regardant par les hublots les toits de tuile brun roux de la cité historique de Cuzco, baignée d'un soleil froid à 3310 m d'altitude. Sur place, nous prenons immédiatement conscience de la raréfaction de l'oxygène : le moindre effort nous essouffle, et nous savons qu'il nous faudra un jour ou deux pour nous acclimater.

La visite approfondie de Cuzco est très enrichissante. Indépendamment des bâtiments officiels de style baroque espagnol, il y a un labyrinthe de passages et de ruelles invitant à l'exploration. Nous en savons plus au bout d'une journée entière, non seulement sur le génie architectural des Incas, mais aussi sur les circonstances

de la constitution de leur empire, qui s'étendait sur plus de 2 500 km, de Quito, au nord, jusqu'au lac Titicaca, au sud. Des routes pavées leur permettaient de gagner des régions excentrées avec une rapidité inégalée dans le monde jusqu'à l'invention du télégraphe. Le lendemain matin, nous partons dans un camion découvert pour entamer notre exploration de la cordillère de Vilcabamba, qui doit se terminer au Machu Picchu. Au bout de cinq heures d'un trajet vallonné sur des routes escarpées comportant de nombreux virages en épingle à cheveux, nous parvenons à l'agréable ferme de la señora Margarita Montez, à Mollepata. Nous avons alors été rejoints par Pepe, notre officier de liaison, qui a emporté tout son matériel y compris une guitare – heureusement sans ampli ! Durant l'après-midi, je paresse en observant des oiseaux-mouches. Le lendemain, après le petit déjeuner, nous montons de 300 m rencontrer notre personnel de camp et nos *arrieros*, les muletiers. Parmi eux, l'homme le plus important est bien sûr Maxie, le cuisinier : un homme affable avec lequel nous entretiendrons une relation haine-passion, ce

Ce paysage est caractéristique du sud du Pérou, avec une agriculture paysanne développée en altitude sur un plateau, sur fond de montagnes enneigées.

qui est le lot habituel avec tous les cuisiniers du monde. Nous disposons d'une demi-douzaine de mules et de trois arrieros, ainsi que de plusieurs chevaux.

Nous commençons par une vallée qui remonte doucement vers le pic du Salcantay (6 271 m), et cette première marche nous fait plaisir. Il se produit un fracas de sabots quand passe le personnel, qui part du principe sensé que, si Dieu avait voulu que nous marchions, Il n'aurait pas inventé le cheval. Notre premier déjeuner est composé de sandwiches à l'avocat, énormes et succulents. Puis, après une brève randonnée, nous campons de bonne heure : il est toujours sage de débuter par une journée courte.

Le lendemain, nous devons franchir le col de l'Incachiriasca, à 4 923 m. Cette ascension, si tôt après avoir commencé notre randonnée, doit constituer un véritable test : ce col se situe plus en haut en altitude que le sommet du mont Blanc, qui est réputé pour donner des pieds de plomb à bon nombre d'alpinistes. Tout le monde résiste bien, et c'est tous ensemble que nous parvenons à la crête : l'acclimatation a été réussie.

Nous descendons dans la vallée suivante par la tête glacée d'un glacier latéral. Au camp, chacun pense à l'ascension de notre premier sommet andin. On avait proposé le Palcay, mais, quand nous avons vu les difficultés de l'approche et la face à escalader de plus en plus glacée, nous revoyons à la baisse nos ambitions. Quand nous campons le lendemain, Rawdon Goodier nous suggère : « Et pourquoi n'irions-nous pas voir cette montagne en face de nous ? » Il s'agit d'un pic rocheux s'élevant au-dessus d'un glacier, qui ne paraît pas trop intimidant. Pepe nous indique que cette montagne s'appelle Yanahumah (5 090 m). Comme il n'est pas encore trop tard, nous décidons de faire une rapide reconnaissance de l'approche.

Le lendemain matin, nous nous mettons en route après le petit déjeuner, avec deux mules pour porter nos sacs à dos jusqu'au début de l'ascension. Il y a une fine pellicule de neige cristalline sur une glace si dure que même un bon coup de

La route Cuzco-Urubamba, à l'approche de la « Vallée sacrée ». L'arrière-plan est imposant, avec le mont Alancomana (5 500 m) et la cordillère d'Urubamba.

Le mont Veronica (5 800 m) est le plus haut sommet de la cordillère d'Urubamba ; c'est Lionel Terray et son équipe qui en réussirent la première, en 1956. On le voit ici du sud, avec au premier plan le haut plateau morcelé qui se trouve au-dessus de Cuzco.

botte ne donne pas la moindre prise aux crampons avant : l'ascension qui s'annonçait simple ne le sera pas. Heureusement, nous avons des pitons tubulaires qui nous permettent de limiter les conséquences d'une glissade. Il y a en tout six longueurs de 40 m chacune, que Rawdon Goodier et moi nous partageons. Le meilleur moment sera pour moi celui où je dois franchir une tranchée dans la glace puis monter un mur à pic de 15 m : j'ai ainsi l'occasion de pratiquer la technique, nouvelle à l'époque, consistant à utiliser deux piolets courts et seulement les pointes avant des crampons fixés à des bottes de plastique rigide.

Nous finissons par arriver en haut de la glace et continuons vers la tour du sommet. Une fois encore, les choses ne se présentent pas comme imaginé ; la roche est terriblement friable. Il semble y avoir deux brèches dans le mur : une cheminée avec des saillies taillées en marches ou un ravin abrupt, pour lequel opte Rawdon. Il l'escalade avec des crampons, et j'ai le désagrément de constater que la plupart des prises sont branlantes. Il y a des moments où il donne l'impression de dépendre d'une seule pointe de crampon coincée dans une prise très peu fiable.

Quand c'est à mon tour d'escalader, je trouve angoissante cette roche pourrie et je suis soulagé quand j'en ai fini. Sally, quant à elle, a eu le bon sens de ne pas essayer. Nous trouvons au sommet un cairn nous indiquant que quelqu'un est passé là avant nous. Et nous restons debout sur notre premier sommet andin, un peu assagis : le jeu d'enfant avait en fait été plus difficile que prévu.

À partir du camp, nous descendons rejoindre la piste des Incas, qui court au-dessus de la fente profonde constituée par la vallée de l'Urubamba, vers le Machu Picchu. C'est alors que nous perdons notre sentiment d'isolement en tombant sur des campements surpeuplés et des tas de détritus. Par ailleurs, les flancs des montagnes sont trop escarpés pour les mules, et nous devons les remplacer par des porteurs. Rawdon, notre naturaliste, trouve dans la zone subtropicale une tarentule qu'il tient délicatement dans la main et propose à la ronde à qui aurait envie de câliner cette chose poilue. Pas d'amateurs en vue !

Il y a devant nous trois hauts cols : le premier d'entre eux, le plus haut aussi, est le Warmiw Ansuqa (4 176 m), le « col de la Femme morte ». Il nous faut deux jours pour arriver au Machu Picchu ; à mesure que nous progressons, le nombre et la taille des ruines incas augmentent. Nous arrivons finalement à un poste de garde situé sur une crête. Derrière nous apparaît le Machu Picchu. Je l'ai vu cent fois sur des cartes postales, mais, tout comme le Taj Mahal ou les Grandes Pyramides d'Égypte, l'original ne nous déçoit pas. La beauté saisissante du site et les superbes terrasses superposées produisent leur impact : assis et silencieux, nous absorbons les montagnes comme, avant nous, l'avaient fait les Incas.

Le pic pyramidal du Salcantay (6 270 m) s'élève au-dessus des contreforts de la cordillère de Vilcabamba. Cette photo a été prise au-dessus de Cuzco, vers l'est.

La journée étant bien avancée, nous descendons dans un hôtel pour éliminer la crasse du voyage et goûter le plaisir d'un vrai lit. Au matin, je me lève tôt et vais me balader vers les portes du Machu Picchu. Je vois juste en face de moi un garde en uniforme qui, à ma grande surprise, grimpe sur la clôture prolongeant un poteau d'angle de 3 m de hauteur, et passe de l'autre côté. Une fois qu'il s'est éloigné, je le suis et me retrouve seul, libre de me promener tranquillement. Je flâne parmi les terrasses et les escaliers impeccables et médite un peu à Intiwatana, point le plus élevé et haut lieu du dieu Soleil.

Après l'heure du petit déjeuner vient celle de l'ouverture des portes, et je rejoins les autres. Quand le premier train de Cuzco déverse une véritable marée de visiteurs, nous partons vers le Wayna Picchu, un sommet qui domine les ruines de 460 m. À première vue, il semble être recouvert d'une abondante végétation et son escalade paraît difficile ; mais nous découvrons un sentier inca comportant de bonnes marches de pierre et même de courts tunnels creusés dans la roche, qui nous amènent au sommet. Nous retournons à Cuzco par l'un de ces spectaculaires

Sur la piste des Incas : Mike Parsons emprunte les marches séculaires d'un raccourci reliant deux cols, l'abra de Warmiwanusqa et l'abra de Runkuraqay.

L'imposante gorge du rio Urubamba, à plus de 750 m en aval de la piste des Incas, à l'approche du Machu Picchu. On distingue la voie ferrée qui longe le cours d'eau.

petits trains sud-américains, émerveillés qu'il puisse s'accrocher aux falaises à pic de la vallée de l'Urubamba.

Après une journée passée dans un hôtel de Cuzco, nous partons pour le sud-est de la cordillère de Vilcanota. Le trajet en voiture dans la poussière de sierras arides nous prend un jour. Nous traînons un moment dans le bourg animé d'Ocongate, éblouis pas les chapeaux traditionnels et les gilets très colorés des femmes. Puis nous campons en bordure de l'Altiplano, plateau gris-brun dominé par le scintillement des massifs enneigés de l'Ausangate et du Cayangate. Nous avons l'intention d'effectuer un raid autour de l'Ausangate (6 384 m), en escaladant en chemin un certain nombre de ses pics annexes. C'est un paysage très différent de celui qu'offrent les vallées encaissées de l'Urubamba. L'Altiplano donne une merveilleuse impression d'espace. En chemin, nous passons devant de grands troupeaux de lamas et d'alpagas, tous gardés par un chien féroce.

Notre premier pic est le Campa (5 480 m) : un sommet situé en amont du col de Pachanta, assez fréquenté et d'ascension facile. Il offre une escalade de glacier très curieuse. Pour la première fois, nous rencontrons des *penitentes*, nom donné par les Espagnols aux grands chapeaux pointus que portent les pénitents à Pâques. Dans notre cas, il s'agit de nombreuses petites cimes glacées et pointues, érodées par le soleil équatorial. Nous nous livrons à une étrange escalade : nous faisons le tour des minuscules pics sans être encordés, en ayant bien du mal à garder notre équilibre.

Le lendemain, alors que je marche seul, je gravis une butte. Je vois sur le versant ce que je prends d'abord pour un troupeau d'alpagas. Mais je réalise tout à coup qu'il s'agit de vigognes, animaux sauvages et rares dotés d'une toison magnifiquement douce, qui constituaient la chasse gardée des Incas. Je rencontre aussi des oies des Andes, un condor qui monte majestueusement en flèche et un animal ressemblant à une marmotte, appelé *vischeccia*.

Maintenant, notre groupe approche le massif du Jatunhuma, qui comporte trois têtes ; avec modestie, nous choisissons pour prochain objectif la moins haute d'entre elles, le Jatunhuma III (5 800 m). C'est une montagne glaciaire et bosselée, avec sur plus de 900 m l'ascension d'un glacier qui se déroule en spirale ; l'altitude viendra, elle aussi, compliquer les choses. Ce devait être le point le plus élevé de notre voyage.

Ce ne sera pas une ascension sur des pentes abruptes, mais elle se révèle très, très longue. La neige est la plupart du temps molle au point que nous nous y enfonçons parfois jusqu'aux genoux. De très nombreuses crevasses nous obligent à nous encorder. L'itinéraire est difficile à trouver, et nous cheminons par une voie indirecte qui passe autour de tours de glace et par des successions de crevasses. À 1 heure de l'après-midi, je me retrouve en tête, à tailler des marches. Je ressens les effets de l'altitude, et compte lentement dans ma tête pour essayer de conserver un rythme. Je monte une butte, et suis très soulagé de constater que le dôme du sommet ne se trouve plus qu'à quelques mètres mais que nous en sommes séparés par une double crevasse inquiétante. Pepe inspecte avec précaution le pont de neige qui enjambe la crevasse et le déclare peu fiable. Mike Westmacott et moi, qui sommes encordés l'un à l'autre, allons un peu sur la gauche pour essayer une autre voie. Alors que je fais un assurage au piolet, Mike avance en se contorsionnant sur le ventre, en répartissant le plus possible le poids de son corps. Il est à mi-parcours quand se produit un craquement et un affaissement : la plate-forme neigeuse s'est abaissée d'une quinzaine de centimètres. Mike reçoit cinq sur cinq le message, et jamais de ma vie je n'ai vu un homme reculer si vite en rampant.

Nous redescendons rapidement, pour découvrir que notre camp de base a été touché par un grain qui a jeté à bas la tente du cuisinier. Nous apprenons avec plaisir que Joy Hunt a gravi le Campa I. Nous procédons alors à un roulement de personnel : Pepe est remplacé par Narciso, et nous sommes rejoints par Erasmo, un guide qui a été formé en Suisse. C'est un homme sec de qui émane une force et une assurance paisibles, et nous aurons la preuve que les apparences sont corroborées par la réalité. Narciso a apporté avec lui un impressionnant fouet à bestiaux. Je lui en demande la raison. Il me répond : « Les chiens que vous avez vus avec les troupeaux peuvent tuer. Et ils le feront si vous vous approchez des bêtes. »

Il existe un camp d'expédition à 4 525 m, au cœur de la cordillère de Vilcanota, près de la lagune Pucacocha. Le sommet en pointe de l'Ausangate Ouest (5 800 m) et l'impressionnante chute de glace du glacier sud de l'Ausengate s'élancent au-dessus de la vallée, où une moraine terminale abandonnée indique un récent recul glaciaire.

Notre circuit autour de l'Ausangate comprend le franchissement d'un certain nombre de cols qui nous offriront les panoramas les plus beaux et les plus saisissants. Le premier nous emmène à l'abri de l'élégante butte-témoin appelée Mariposa (5818 m), puis nous nous dirigeons vers le massif principal de l'Ausangate. Après le deuxième col, nous profitons d'une bonne vue des pics du Surimani, et notamment d'un clocheton rocheux spectaculaire. Erasmo nous précise qu'il n'a jamais été gravi, la roche étant trop mauvaise. Nos regards se portent donc sur le Surimani central, dont le sommet rocheux sera atteint après une ascension en neige.

C'est de bonne heure que nous nous mettons en route le lendemain, aidés de trois arrieros, et séparés en trois cordées: les Westmacott, Rawson Goodier et moi,

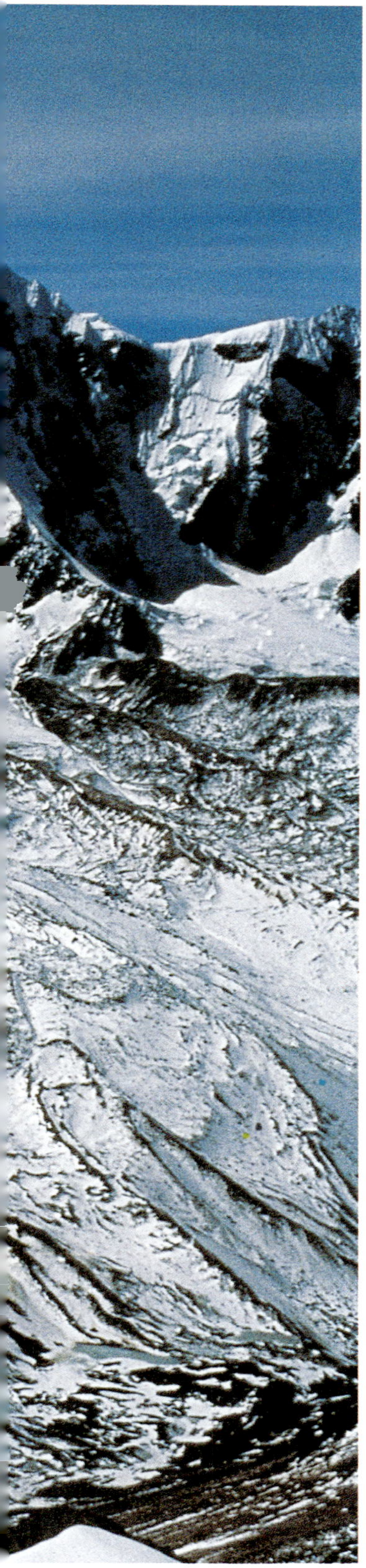

Erasmo et Narciso. Une longue montée de la vallée nous amène jusqu'à la glace et aux penitentes; nous y avançons en nous déhanchant sans être encordés, jusqu'à ce que nous soyons arrêtés par un *schrund*, mur de glace à pic. Erasmo prend immédiatement la tête pour escalader cette paroi glacée, polie et presque à la verticale de ce qui ressemble à un couloir à chute de pierres. Les autres trouvent un itinéraire plus facile et plus sûr pour passer encordés les penitentes, et atteindre une crête neigeuse et élancée à trois longueurs de corde au-dessous du sommet: cela nous promet une ascension aisée et ensoleillée sur une bonne neige qui recouvre de la glace. Le sommet constitue pour nous un perchoir où nous déjeunons confortablement, émerveillés par le spectacle du paysage andin alentour.

Le lendemain, nous avons l'impression d'être sur le chemin du retour. C'est dans une tempête de neige que nous franchissons le col de l'Incapampa pour descendre jusqu'aux sources chaudes d'Upis. Il nous reste deux jours, et j'ai très envie d'escalader un dernier sommet. Erasmo et moi partons donc avec deux arrieros pour installer un camp léger dans une vallée en aval d'un sommet enneigé appelé Parcocaija, qu'Erasmo a escaladé plusieurs années auparavant.

La partie supérieure de la montagne est constituée de couches de glace presque à la verticale; toutefois, il y a sur la gauche une bande rocheuse qu'Erasmo a déjà empruntée et qui offre une ascension plus facile. La glace devenant de plus en plus à pic en aval de cette bande, j'assure Erasmo avec une broche à glace tandis qu'il escalade pour reconnaître le terrain; il progresse avec aisance en s'aidant de deux piolets et des pointes avant des crampons de ses chaussures. Il découvre ensuite que le trou s'est élargi et qu'il n'y a pas de passage possible. Il maugrée contre el Niño, ce courant pacifique chaud qui a provoqué le recul des glaciers. Il redescend avec précaution et décide d'aller jusqu'aux falaises de glace situées en surplomb, au-dessus de nous et sur la droite. Elles sont pratiquement à pic, avec des strates horizontales qui donnent une succession d'impressionnants renflements de glace.

J'enfonce un piton à glace pour nous assurer. De nouveau, Erasmo escalade en faisant montre de style et de puissance. Il passe de l'autre côté d'une brèche, puis disparaît de ma vue sur la droite et m'assure. Je commence mon escalade, trouvant la glace dure comme de la pierre. Il faut donner plusieurs coups vigoureux avant que les piolets ne se mettent à la mordre. Il en résulte une grande fatigue au niveau des bras. Je rencontre d'abord une broche plate, puis j'oblique à gauche vers une saillie dominant une petite crevasse. Ensuite, j'effectue un double piolet-traction au-dessus d'un bombement, avec une seule prise douteuse. La paroi, qui est maintenant de plus en plus abrupte, m'offre sur 20 m environ l'escalade la plus difficile que j'aie jamais faite sur glace. Fatigué par l'effort et

À GAUCHE : *Johnny Fowler arrive au dôme du Campa I, au terme d'une ascension facile en neige. Vers le nord, de l'autre côté du col de Pachanta, on distingue le Pachanta (5 730 m) sur la gauche et le Jatunhuma (6 140 m) sur la droite.*

Descente du glacier de Pachanta, situé en aval du Campa. Le groupe avance encordé en raison de la neige qui pourrait dissimuler des crevasses.

La cordillière de Vilcanota. Scène paisible des alpagas et des lamas pâturant au pied des pics du Surimani (5 355 m). Le sommet n'a jamais été gravi, la roche en étant trop mauvaise.

par l'altitude, j'arrive au point d'assurage, accueilli par un Erasmo calme et souriant. Puis celui-ci escalade environ dix autres mètres. Les renflements présentent une succession de formidables surplombs de glace au-dessus de lui. C'est à n'en pas douter sa fierté de professionnel qui l'anime. Mais ne voyant alors que des difficultés croissantes, je lui propose de faire demi-tour. Il approuve avec gratitude.

Arrivés tous les deux au pied de la voie, Erasmo suggère une traversée du pic rocheux appelé Saglicani, que nous avons devant nous : la descente sur le versant opposé nous ramènera directement au camp de base.

C'est sur mon dernier sommet andin que nous prenons un peu de repos tout en déjeunant. J'ai éprouvé un rare plaisir à faire de l'alpinisme avec Erasmo, aux fins traits d'Inca et au sourire bienveillant. C'est vraiment un montagnard-né, mince et robuste, fluide dans ses mouvements. De retour à Upis, nous goûtons le réconfort d'un bon bain chaud ; le lendemain, nous redescendons l'Altiplano.

ANDES PÉRUVIENNES – FICHE PRATIQUE

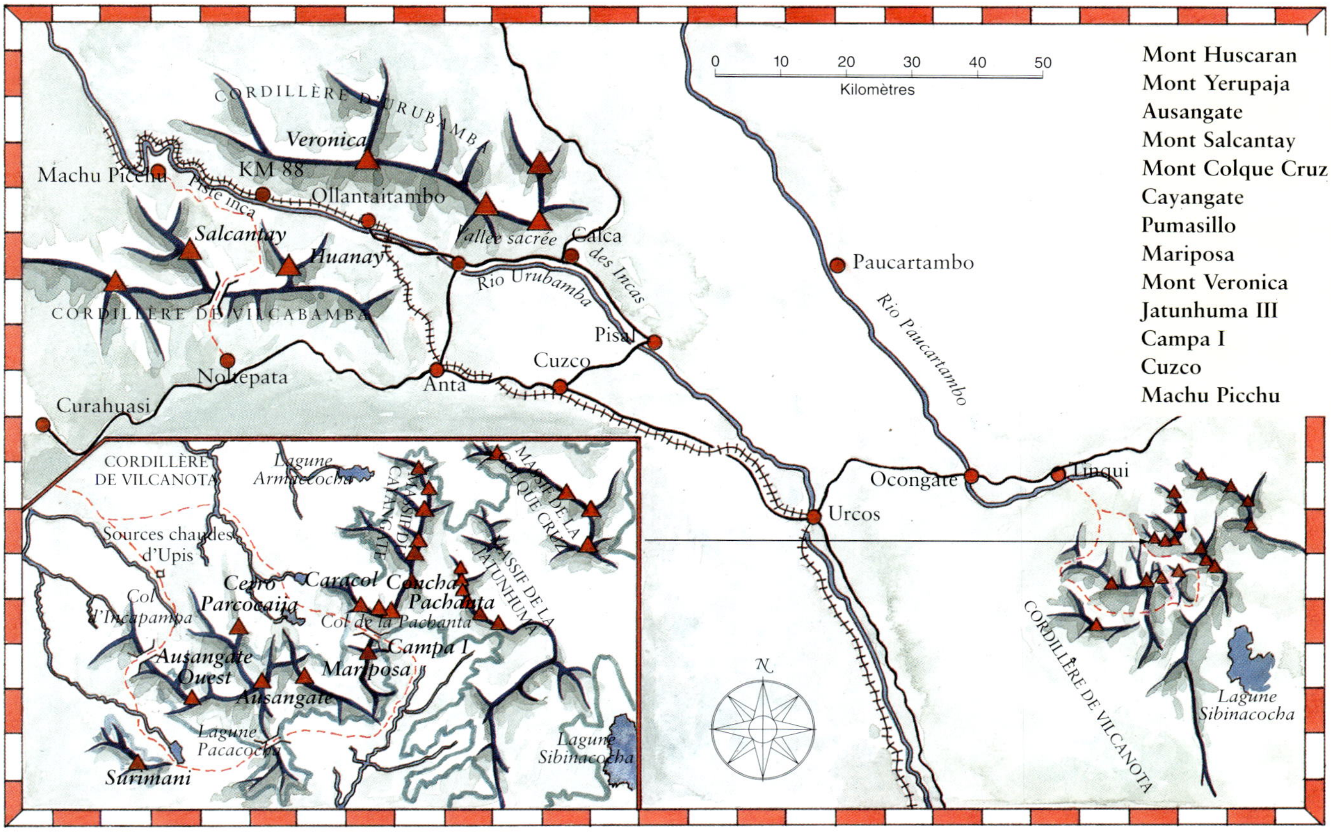

Mont Huscaran	*6769 m*
Mont Yerupaja	*6632 m*
Ausangate	*6384 m*
Mont Salcantay	*6271 m*
Mont Colque Cruz	*6015 m*
Cayangate	*env. 6100 m*
Pumasillo	*6070 m*
Mariposa	*5818 m*
Mont Veronica	*5800 m*
Jatunhuma III	*5800 m*
Campa I	*5480 m*
Cuzco	*3310 m*
Machu Picchu	*2400 m*

PLANTONS LE DÉCOR

La région offre de superbes montagnes comportant des pics glacés et des corniches, qui dominent des plateaux dorés sans arbres et ponctués de lacs turquoise. Au bord de ceux-ci, des paysans parlant le quechua font paître lamas et alpagas. Cuzco étant située à près de 1 500 km au sud de l'équateur, les glaciers sont imbriqués et plutôt modestes.

Même si les Incas ont fréquenté ces sommets, l'alpinisme au Pérou est récent ; les chaînes situées dans le sud du pays étaient en effet presque inexplorées jusqu'au début des années 1950.

L'ACCÈS

Il n'y a aucune restriction à l'accès aux chaînes du sud du pays, et les risques de guérilla sont peu probables. Cuzco constitue un point de départ commode par la route, ce qui raccourcit les marches d'approche ; mais le trajet est peu confortable, et tout doit être acheminé depuis la ville. La randonnée se fait en général sur des circuits assez courts, mais on prévoira des bêtes de somme pour les expéditions plus longues. Il est possible de réserver, dans les villages de fin de parcours, muletiers (arrieros), ânes et lamas. Par ailleurs, d'excellents fournisseurs, comme Explorandes, peuvent se charger de la logistique.

La saison sèche se situe entre mai et septembre : on est en principe en hiver, mais les températures peuvent être extrêmes.

L'ALPINISME ET LA RANDONNÉE

Les alpinistes disposeront de chaînes de rêve. Aucun grand sommet n'est aujourd'hui invaincu, mais il existe de nombreuses possibilités d'escalades assez faciles, en général sur neige et glace. Même les pics les plus hauts se gravissent en deux ou trois jours au départ d'un camp de base : ces montagnes ne peuvent en effet se comparer à l'Himalaya, même si l'acclimatation à l'altitude est indispensable, pour les alpinistes comme pour les randonneurs. Le pays offre la possibilité d'un séjour idéal combinant tourisme culturel, varappe et marche (les circuits de trekking sont superbes).

La piste des Incas, parfaite pour s'acclimater, est l'un des plus beaux itinéraires du monde. On la prend en général à l'arrêt ferroviaire du kilomètre 88. Une équipe en bonne forme la boucle en une trentaine d'heures, mais il est courant de la parcourir en deux ou trois jours.

Les randonneurs disposent de plusieurs guides bien faits, mais il est recommandé aux alpinistes d'effectuer des recherches préalables : il n'existe pas de guide d'escalade, et les cartes locales ne sont pas fiables au-dessus du niveau des glaciers.

La Montagne Solitaire

Karakoram, Pakistan

KURT DIEMBERGER

« Au-dessus de nous s'élance le Broad Peak.
Aucun homme n'a jamais escaladé son sommet tricéphale,
qui s'élève dans le ciel tel le dos écailleux d'un gigantesque dragon.
Pour moi, ces roches respirent le mystère, personne ne les a touchées.
Je suis heureux que ce "8 000" soit le but de notre expédition. »

PAGE 112 : porteurs baltis sur la piste de Baltoro.

PAGE DE DROITE : situé à environ 4 720 m, Concordia est le grand carrefour glaciaire à la tête du glacier de Baltoro. Cette photo a été prise de l'est ; le Baltoro est une large avenue d'une trentaine de kilomètres de long, ponctuée de roches élancées et de glaces suspendues. Le Mitre Peak est situé sur la gauche ; on trouve ensuite le Biarchedi et ses satellites, puis les buttes-témoins du Masherbrum. Au loin, les sommets du Paiju s'élèvent au-dessus de l'extrémité du glacier.

Chcht ! Chcht ! Chcht ! Chcht ! Nos raquettes glissent sur une poudreuse luisant au soleil, dans des arêtes de glace et les courbes onduleuses du glacier.

Devant moi se dessine la petite silhouette, presque délicate, de Hermann Buhl ; malgré la fatigue, il continue à avancer avec vigueur, à pas courts et précis. Son énergie transparaît clairement alors qu'il arpente le sol irrégulier du glacier Godwin-Austen. Je vois son chapeau de feutre gris à large bord au-dessus de son sac à dos, ses mains à la fine ossature sur les bâtons de ski qu'il utilise pour garder l'équilibre à chaque fois qu'il lève une de ses raquettes, ovales et en bois, pour faire un nouveau pas glissé. Mais le regard de Hermann a une expression toujours alerte quand il scrute le chemin devant lui, et je peux juste la deviner. Nous avançons donc, dépassons des rangées de formes glaciaires dentelées, comme si nous traversions une forêt enchantée où tout se serait trouvé figé par le gel. Des couloirs entre les tours nous mènent le long de l'arête de la moraine, dans une neige fraîche. Nous sommes seuls, seuls au cœur du Karakoram, environnés de puissants glaciers, dans un monde sauvage de contrastes : de glace et de roche, de montagnes pointées, de tours de granit, de formes fantastiques s'élevant dans le ciel à 1 000 m ou plus, parfois beaucoup plus.

En ce mois de mai 1957, il n'y a aucun être humain sur tout le glacier de Baltoro, à part Hermann et moi, ainsi que nos trois compagnons du camp de base. Marcus Schmuck et Fritz Wintersteller, de Salzbourg, et Captain Quader Saeed, notre officier de liaison qui n'a plus personne à relier, et qui se languit depuis plusieurs semaines de la vie pittoresque de Lahore : tels sont les autres membres de la seule expédition de cette saison sur un rayon de plusieurs centaines de kilomètres. Nous sommes seuls sur cette gigantesque rivière de glace de près de 60 km de long qui, avec ses fabuleuses montagnes, est l'un des endroits les plus reculés et les plus beaux qui soient sur terre. Des pics dont la taille et la raideur des pentes coupent le souffle forment des compositions si harmonieuses qu'ils semblent dégager quelque chose de magique. D'innombrables glaciers latéraux mènent entre ces sommets jusqu'à des endroits où personne ne demande « Pourquoi ? », parce que la réponse est évidente. J'ai, à vingt-cinq ans, réalisé mon rêve : aller une fois dans ma vie dans l'Himalaya et escalader les plus hauts sommets du monde. Hermann Buhl m'a invité à me joindre à son équipe : je dois cet honneur à mon ascension *direttissima* de la « meringue géante » sur le Gran Zebru (Königsspitze), sorte de rouleau naturel de crème glacée considéré comme l'itinéraire en glace le plus audacieux des Alpes.

Nous avons démarré depuis un endroit tout proche de Concordia, la jonction glaciaire du Baltoro. Tandis que nous faisons la trace dans la neige à une altitude de presque 5 000 m à côté de l'un des glaciers latéraux, je me prends à penser aux premiers explorateurs de ces montagnes. Le glacier où nous sommes porte le nom du cartographe Godwin-Austen, qui fut le premier à poser les yeux sur le Baltoro au milieu du siècle dernier. Mais c'est sans doute Adolf Schlagintweit qui fut le premier étranger à s'approcher de la région du Baltoro et à atteindre l'un des cols du Mustagh (Punmah Pass), le col ouest. Pour autant, lui n'a pas été immortalisé par la toponymie. À l'inverse, le beau glacier strié de l'autre côté de Concordia est dédié au voyageur G.T. Vigne, qui

ne mit jamais un pied dessus. Martin Conway, chef de file d'une expédition en 1892, fut le premier à faire de l'alpinisme dans le Karakoram ; il fut plus tard anobli, et on donna son nom à un col enneigé qu'il découvrit. Nous ne sommes pas des explorateurs au même titre que ces hommes, mais quand on va dans un territoire inhabité comme celui-ci, au milieu de montagnes géantes, on a le cœur qui bat plus vite, et la vue qui se révèle au prochain détour est aussi séduisante qu'elle l'a été pour les premières personnes à s'être aventurées en ce lieu. C'est le même silence qui domine les pics, la même tension qui passe de montagne en montagne ; les jours peuvent toujours sembler être un don du ciel.

Au-dessus de nous s'élance le Broad Peak. Aucun homme n'a jamais escaladé son sommet tricéphale, qui s'élève dans le ciel tel le dos écailleux d'un gigantesque dragon. Pour moi, ces roches respirent le mystère, personne ne les a touchées. Je suis heureux que ce « 8 000 » soit le but de notre expédition. Mais aujourd'hui, Hermann et moi sommes partis vers le K2...

La plus grande pyramide existant sur terre semble grossir régulièrement sous nos yeux, dans son incroyable symétrie. Il y a bien des années, des cartographes britanniques ont calculé qu'elle culminait à 8 611 m, soit à 237 m de moins que l'Everest. Mais le deuxième sommet du monde est nettement le plus difficile des deux à gravir ; et c'est aussi, sans aucun doute, l'une des plus belles montagnes de la planète.

L'expédition internationale d'Oscar Eckenstein, à laquelle participaient les Autrichiens Pfannl et Wessely, fit la première tentative d'ascension

Sur le glacier Godwin-Austen, à l'approche du camp de base sud du K2. Le Broad Peak Nord s'élève sur la droite, tandis que le glacier va jusqu'aux pics en pointe du Kharut (6 706 m) et se poursuit par le col Windy, qui marque la frontière avec la Chine.

Clair de lune sur le Chogolisa (ou Bridge Peak) et ses satellites, photographié d'un bivouac situé à la jonction de la partie supérieure du Baltoro et des glaciers des Abruzzes. En 1957, Hermann Buhl tomba d'une corniche de la crête sommitale, et son corps ne fut jamais retrouvé.

en 1902 ; elle parvint à 6 526 m, sur l'arête nord-est. Mais c'est en 1909 qu'une expédition à grande échelle, menée par le duc des Abruzzes, ouvrit le contrefort sud-est (appelé aujourd'hui éperon des Abruzzes) en révélant qu'il s'agissait là de la route la plus favorable. Ces alpinistes ne montèrent alors qu'à 6 250 m, mais, sur le Chogolisa tout proche, le duc et ses guides réussirent à arriver à environ 7 500 m. Ce fut pendant des années le record mondial d'altitude ; ils n'étaient alors qu'à 150 m du sommet, à peu près.

Hermann Buhl s'est arrêté pour regarder vers le Chogolisa, un chatoyant trapèze de neige et de glace distant d'une trentaine de kilomètres. « Belle montagne », murmure-t-il. Pour moi, elle se présente comme un toit du ciel qui fascine au-delà de toute description, mais l'attention de Hermann s'est déjà reportée sur le K2 : « Quel dommage qu'il ait déjà été escaladé !... Et si on faisait une traversée, en montant par la crête à gauche, puis en descendant sur la droite, par les Abruzzes ? »

Et il me dit tout ce qu'il sait de cette voie des Abruzzes, comment cette montagne fut vaincue par une énorme expédition italienne, trois ans plus tôt. Pour cette première, les hommes n'établirent pas moins de neuf camps d'altitude, et l'on dit qu'ils fixèrent 5 000 m de corde sur l'arête elle-même. C'est Ardito Desio, un professeur de géologie, qui était le chef de file de cette équipe de onze personnes ; et les deux vainqueurs du sommet furent Lino Lacedelli et Achille Compagnoni. Cet exploit fut vécu comme un triomphe national qui plongea l'Italie tout entière dans un tourbillon d'allégresse. Il est vrai

Porteurs baltis en amont des gorges de la Braldo, en route pour Askolé et le Baltoro. Ils ont déjà parcouru la section la plus dangereuse du parcours, celle où la piste longe le cours d'eau fort tumultueux et qui est régulièrement balayée par des chutes de pierres. Devant eux, la vallée aride s'ouvre légèrement.

que ces alpinistes eurent recours à des bouteilles d'oxygène, mais celles-ci furent épuisées vers la fin, et ils ne renoncèrent pas ! Hermann rit : « Alors, tu vois bien, ça marche, on peut s'en passer ! » Il me parle alors de George Mallory et de Sandy Irvine, qui ne sont jamais revenus d'une tentative sur l'Everest en 1924, alors même qu'ils avaient emporté de l'oxygène. Neuf ans après leur disparition, on découvrira, à environ 8 500 m d'altitude, un piolet qui appartenait forcément à l'un d'eux. Aujourd'hui encore, on ne sait pas s'ils parvinrent ou non au sommet du monde. Et puis Hermann me parle du colonel Norton, qui escalada l'Everest et arriva à une très grande altitude sans oxygène, et encore de Fritz Wiessner, qui parvint à environ 200 m du sommet du K2 en 1939, lui aussi sans oxygène.

À l'excitation qui l'anime, à son regard et à ses gestes, je vois bien que Hermann est impatient d'aller sur le K2, sans oxygène, et sans l'aide de porteurs d'altitude : « Dans le style des Alpes de l'Ouest », comme il dit. « Le K2 est vraiment une belle montagne ! », conclut-il en ajoutant d'un air pensif : « Il faut monter par cette arête à gauche, et descendre par la droite. »

Mais la montagne semble si haute, plus haute que tout, et nous sommes de minuscules points face à cette énorme masse de roches que la neige et la glace font briller comme du cristal. Elle n'éveille aucun désir en moi. Je suis satisfait de notre choix : le Broad Peak est encore inviolé, et moins haut que le K2 d'environ 600 m. C'est une meilleure option pour notre entreprise « style Alpes de l'Ouest » (que bon nombre de gens considèrent déjà comme folle), et c'est mieux que le deuxième sommet du monde !

Je pense alors à « notre » 8 000. La seule tentative de première fut effectuée en 1954 par une expédition allemande dirigée par le Dr Karl Herrligkoffer : les participants avaient trouvé l'ascension assez atroce. Suivant un itinéraire constamment menacé par des avalanches, les alpinistes avaient un jour constaté que d'énormes blocs de glace s'étaient arrêtés à seulement quelques centimètres de leur tente. L'Autrichien Ernst Senn était tombé d'un mur de glace de 500 m, et, dans un sifflement de bobsleigh, il eut la chance incroyable d'atterrir sur la neige molle d'un plateau. À environ 7 000 m, des orages de grêle avaient épuisé les dernières réserves d'énergie des hommes, les contraignant à l'abandon.

Il y a quelques jours, nous avons découvert des détritus laissés par les Allemands, enterrés dans la glace à pic du « mur » : avocat, angustura, un peu d'équipement… et un saucisson vieux de trois ans, qui n'avait rien perdu de son goût. Il y avait même une boîte de conserve de jambon italien qui combla nos estomacs. Je dois avouer que ce détour entrepris jusqu'au K2 n'obéit qu'à la curiosité de voir quels morceaux de choix pourraient encore se trouver aux alentours du camp de base des Italiens. Déception : malgré tous nos efforts, nous ne trouverons pas l'emplacement de ce camp. Le large glacier est d'un blanc immaculé, et il n'y a pas non plus de trace sur la moraine. Nous finissons par faire demi-tour et revenir sur nos pas en nous dandinant sur nos raquettes.

C'est aussi la curiosité qui nous amène à pénétrer dans le cirque d'avalanche du Broad Peak. Hermann voulait voir l'itinéraire choisi par Herrligkoffer, qui avait été son chef de file sur le Nanga Parbat. Hermann a opté pour une voie plus

On est ici au confluent de deux imposants cours d'eau : le Biafo, qui reçoit les eaux du glacier de Baltoro, et, venant de la gauche, le Dumordo, qui draine le système du glacier de Panmah. En moins de trois semaines, la fonte estivale submergera cette étendue d'un torrent qui rendra dangereuse la traversée. On distingue au loin des buttes-témoins du Masherbrum.

directe sur le contrefort ouest du Broad Peak, plus difficile aussi il est vrai, mais beaucoup plus sûre ; elle a été recommandée par G.O. Dyhrenfurth, le célèbre « professeur de l'Himalaya ». Elle offre une ascension franche et directe, qui est nettement plus dans le style de Hermann.

Alors que nous approchons du camp de base, fatigués de traîner nos jambes et leurs appendices de bois, j'ai des souvenirs qui dansent dans ma tête comme dans un kaléidoscope. Je me rappelle comment, dans un tourbillon de poussière, nous avons atterri dans un vieux Dakota sur une aire sablonneuse qui sert de terrain d'aviation, près de Skardu ; je me rappelle avoir traversé l'Indus dans un gros bateau carré, la randonnée de trois semaines qui a commencé par la large vallée

du Shigar et ses abricotiers en fleurs, s'est poursuivie par les gorges de la Braldo et finalement le trekking pour remonter le glacier de Baltoro avec nos soixante-huit porteurs... Je me souviens que notre progression a été ralentie par des tempêtes de neige, ce qui a amené nos aides à abandonner notre chargement à 12 km du camp de base. Je me rappelle les allers et retours que nous avons alors dû faire pour y acheminer tout le matériel, en portant à chaque fois 25 à 30 kg sur le dos, jusqu'à ce que nous parvenions enfin à établir notre camp de base à environ 4 900 m, à une altitude supérieure au sommet du mont Blanc. Et les mots de consolation de Hermann : « C'est un bon entraînement pour plus tard... pour le premier 8 000 à être gravi dans le style Alpes de l'Ouest. »

À proximité d'Askolé, au-dessus des eaux féroces de la rivière Braldo. Construit avec des branches de peuplier tressées, ce pont traditionnel du Karakoram n'est réparé qu'après qu'il s'est effondré, au dire des Baltis.

Puis le contrefort ouest lui-même : monter et descendre, encore et toujours, assaillis au départ par les maux de tête... Ensuite, nous progresserons plus facilement. À chaque fois que nous déposions nos fardeaux au camp 1, nous nous accroupissions dans la neige pour redescendre rapidement, pour retrouver une fois de plus les basses altitudes après la glissade. Au bout d'un moment, même en prenant toutes les précautions, nous arrivions à descendre ainsi sur 800 à 900 m en une demi-heure, temps de repos compris !

Vu depuis Concordia, le Broad Peak, le dragon à trois bosses, offre l'aspect d'un imposant château. Il est toujours différent en fonction de l'endroit d'où on le regarde. On ne peut jamais « connaître » une montagne avec précision... Quand nous aurons terminé ici, Hermann voudrait aller jusqu'aux tours de Trango, ou à l'une des autres fantastiques flèches de granit qui se trouvent dans la partie inférieure du Baltoro...

Nous formons une expédition moderne, Hermann ayant veillé à ce que nous ne manquions de rien que le progrès puisse nous offrir. Nous disposons de bouteilles de gaz : certaines énormes comme celles qu'on trouve dans une cuisine, et qui mobilisent chacune un porteur, et d'autres plus petites (7 kg), destinées à être utilisées plus haut. Nous avons des tentes canadiennes simples, mais extrêmement stables. Et aussi des bottes d'altitude, perfectionnées et difformes, en cuir solide et épais. Elles ont été conçues suffisamment grandes à l'intérieur pour mettre des chaussettes ou des chaussons de feutre, ou tout autre équipement isolant : nous nous sommes aperçus que le papier journal était très efficace ! Bien sûr, il n'est pas commode de marcher sur la moraine

Les tours Sans-Nom et les Grandes Tours de Trango, la Grande Cathédrale et les flèches de Lobsang font partie des fabuleux pics de granit qui bordent la partie inférieure du Baltoro.

avec ce genre de chaussures qui donnent l'impression d'être des scaphandriers en eaux profondes. Nul doute qu'un jour quelqu'un finira par inventer un système personnalisé, style botte dans une autre botte, qui sera plus simple. Pour autant, nous sommes loin d'être insatisfaits, sauf sur un point: le progrès nous poursuit même sur le contrefort ouest, sous la forme d'un talkie-walkie qui pèse 11 kg. Nous décidons de le laisser au camp 1, à 5 800 m d'altitude, et d'utiliser la méthode de la feuille de papier, qui a largement fait ses preuves: on écrit ce que l'on a envie de dire, et on laisse le mot dans la tente à l'attention de ceux qui y arriveront ensuite.

Le camp 2 est un trou naturel dans la neige que nous avons élargi, situé au-dessous du bord d'un plateau à 6 400 m. Nous y avons même installé une cuisine, car Hermann a une faiblesse pour les boulettes de pomme de terre, la salade de langue de bœuf, la mayonnaise et le jus de nerprun – autrement dit, pour tout ce qui est acide –, ainsi que pour la bière; mais cette boisson, elle, n'est disponible en principe qu'au camp de base. Il l'appelle son « somnifère naturel ». Sa première « dose » s'est transformée en un geyser de mousse qui montait à 3 m, et qui ne s'est tari qu'une fois la canette bleue de bière bavaroise vidée. La pression atmosphérique est très différente à 4 900 m, et nous apprendrons rapidement à pratiquer un minuscule trou que l'on bouche du pouce dans la capsule de la bouteille, de façon que la pression s'échappe lentement.

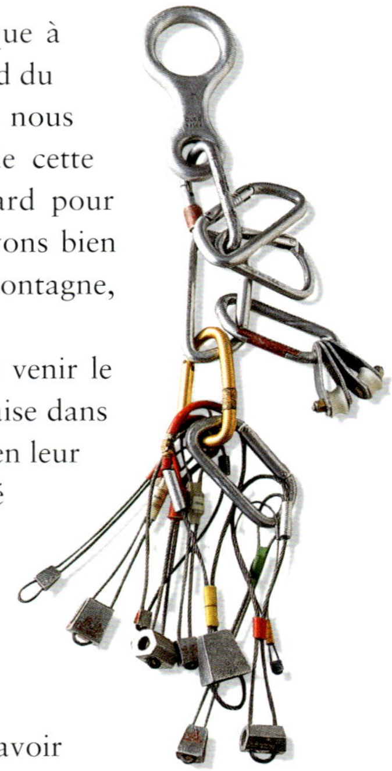

Les jours passent, et, le 29 mai, nous quittons le camp 3, presque à 7 000 m, pour la crête sommitale. Nous allons jusqu'à l'extrémité nord du « toit », à environ 8 030 m d'altitude. C'est alors seulement que nous découvrons qu'il ne s'agit pas du sommet: l'extrémité opposée de cette énorme arête est un tout petit peu plus haute. Mais il est trop tard pour aujourd'hui, et nous redescendons jusqu'au camp de base. Nous savons bien que, pour ces 20 m de plus, nous allons devoir gravir de nouveau la montagne, mais nous n'avons pas le choix: un sommet, c'est un sommet!

Marcus et Hermann ayant des gelures aux orteils, ce dernier fait venir le médecin. Le docteur, en l'occurrence, c'est moi. Je ne me sens pas à l'aise dans ce rôle, mais j'utilise des mots apaisants comme un vrai praticien tout en leur faisant une piqûre. Puis une autre piqûre. Le traitement réussit! J'ai été nommé « médecin » de l'expédition un mois seulement avant notre départ. Hermann a justifié ce choix, affirmant: « Allons, allons, tu as fait des études, hein? » Quand j'ai répondu: « Oui, mais des études de commerce », il n'a pas considéré que l'objection était une excuse valable pour que je refuse: il doit avoir une grande confiance en moi. Lesté de 30 kg de pilules et de potions (confectionnées par un véritable homme de l'art) ainsi que d'un instrument universel pour arracher les dents (fort heureusement, je n'aurai pas l'occasion de l'utiliser), me voici donc médecin de l'expédition. Et pendant cette longue marche, de nombreux autochtones ont également fait appel à mes talents: je faisais ce que je pouvais, et, dans le doute, je comptais sur mon sac d'analgésiques. Au moins, il n'arriverait rien à personne et, après tout, il allait falloir que nous empruntions le même chemin au retour...

Coucher de soleil sur le sommet nord du Mitre Peak; Concordia se trouve à quelque 1 200 m en aval.

Arrive enfin le 9 juin, le grand jour. L'un après l'autre, nous parvenons tous les quatre au sommet du Broad Peak, même Hermann, le dernier, malgré ses gelures. Il avait renoncé à environ 7 900 m, puis s'était ravisé. En descendant, je le croise alors qu'il n'a pas fini son ascension, et je fais demi-tour pour l'accompagner. Alors que baisse la lumière du jour, de ce jour unique, nous foulons ensemble le point le plus haut de la montagne...

« Il était environ 7 heures du soir, et le soleil était bas dans le ciel alors que nous étions là-haut, debout... Un moment de vérité. Le silence de l'espace nous environne et nous tient. C'est l'accomplissement. Le soleil tremblant est en équilibre sur l'horizon. Plus bas, c'est déjà la nuit, sur le monde. Mais ici, ici seulement, il fait encore jour, et pour nous seulement. Les sommets du Gasherbrum brillent à proximité, et plus loin chatoie le toit céleste du Chogolisa.

Le Gasherbrum IV sous une brume matinale, vu du glacier de Baltoro à l'ouest. Les Gasherbrum VII et V se trouvent à droite. Gasherbrum signifie « mur brillant ».

Droit devant nous, dans le dernier contre-jour, se dressent les sombres contours du K2. La neige qui nous environne est teintée d'un orange profond, le ciel est d'un azur clair et pur. Je regarde derrière moi : je vois une énorme pyramide d'obscurité se projeter contre l'espace infini du Tibet et se fondre au loin dans la brume – c'est l'ombre du Broad Peak. Un rayon de lumière frappe dans notre direction, atteint le sommet. La neige à nos pieds semble rougeoyer. Puis la lumière s'éteint… »

(Extrait de *Sommets et Secrets*,
Kurt Diemberger, Londres, 1971)

Ce fut pour Hermann le plus beau coucher de soleil, ce fut aussi le dernier sur un sommet.

Pour être honnête, j'ai admiré le K2 de là-haut : cette massive dorsale d'un bleu profond, comme une silhouette contre un flot de lumière. Pourtant, il ne m'inspirait aucun désir. Ce jour-là, il ne me viendra absolument pas à l'esprit qu'il sera amené à jouer dans ma vie un rôle décisif…

Le K2 vu du sud, à environ 5 000 m, sur le glacier Godwin-Austen. Deuxième sommet du monde par l'altitude, le K2 est une montagne sauvage et impitoyable. À la différence de l'Everest, ses versants sont tous plus ou moins dangereux. L'itinéraire habituellement suivi emprunte l'éperon des Abruzzes puis le contrefort à pic plus loin sur la droite, et suit ensuite la ligne d'horizon au-dessus du replat qui est bien visible, jusqu'au sommet.

KARAKORAM, PAKISTAN – FICHE PRATIQUE

PLANTONS LE DÉCOR

Le Karakoram est une chaîne transhimalayenne qui ne fait pas véritablement partie du massif de l'Himalaya. Il offre de véritables enfilades de sommets glaciaires et sauvages qui s'élancent au-dessus de très grands glaciers situés dans les zones tempérées : à titre d'exemple, le Baltoro n'est pas le plus long, malgré ses 56 km. Les six pics de plus de 8 000 m sont regroupés autour de la tête du même Baltoro. Les vallées profondes sont semi-désertiques, et seule l'irrigation permet la survie de villages épars. Le Baltoro fut autrefois pénétré par une route à caravanes difficile, qui est depuis longtemps fermée par la progression du glacier. Les premiers explorateurs en furent des topographes britanniques. Younghusband traversa le Mustagh La en 1887, Martin Conway dirigea la première ascension en 1892 ; puis le couple Workman, des Américains, effectua plusieurs expéditions. Le duc des Abruzzes mena une reconnaissance complète du K2 en 1909. Dans les années 1930, Shipton et Tilman poursuivirent l'exploration du glacier, et le K2 ainsi que le Masherbrum firent l'objet de tentatives. Le K2 a été vaincu en 1954. Depuis la fin des années 1970, le Baltoro est devenu une destination très courue.

L'ACCÈS

Le Baltoro est actuellement zone militaire, et il est nécessaire d'obtenir auprès du ministère du Tourisme un permis de trekking, qui autorise aussi les escalades de sommets de moins de 6 000 m. Au-delà, on aura besoin d'un permis d'escalade (onéreux) et d'un officier de liaison.

Danse impromptue en aval du pic du Bakhor Das (5 809 m), par les membres de la tribu des Baltis.

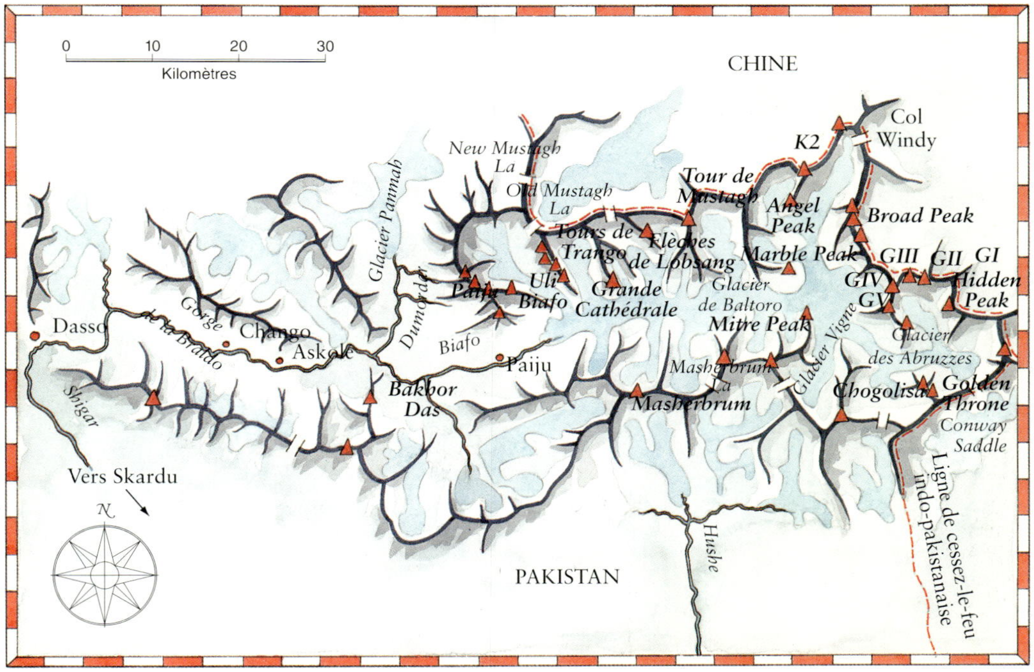

Dans tous les cas, il est impératif d'apporter avec soi tout le matériel nécessaire, que l'on ne peut se procurer sur place. Il est facile de trouver des porteurs, mais ils coûtent cher, et le recours à eux obéit à une réglementation stricte. Les expéditions dans le Baltoro démarrent de Skardu, que l'on rejoint par route ou par air depuis Islamabad. Une « route » jusqu'au village d'Askolé a récemment été percée par la dangereuse gorge de la Braldo, mais elle est souvent fermée (glissements de terrain). En été, la fonte des neiges rend dangereuse la traversée des cours d'eau. Ce sont les mois de mai, de juin et de septembre qui sont les plus propices au trekking ou à l'ascension de sommets d'altitude modérée.

K2	*8 611 m*
Hidden Peak (G I)	*8 068 m*
Broad Peak	*8 047 m*
Gasherbrum IV	*7 924 m*
Masherbrum	*7 821 m*
Chogolisa	*7 665 m*
Paiju	*6 601 m*
Trango – Tour Sans-Nom	*6 251 m*
Mitre Peak	*6 013 m*
Grande Cathédrale	*5 866 m*
Concordia	*4 700 m*

L'ALPINISME ET LE TREKKING

Un trekking jusqu'à Concordia (10 jours aller) représente une expédition intéressante, surtout si l'on va jusqu'aux camps de base du col Windy, du K2 et de Hidden Peak. L'approche de Concordia peut faire l'objet de circuits difficiles mais motivants, par le sud via la vallée de l'Hushi et un col situé en tête du glacier Vigne, ou (ce qui représente un grand parcours) en retournant au Karakoram Highway par les cols du Biafo et de l'Hispar et le Snow Lake. Il existe de magnifiques escalades pour tous niveaux autour du Baltoro : parmi celles-ci, le K2 représente le défi suprême, car c'est le plus sérieux de tous les « 8 000 ». Le Broad Peak est très haut mais relativement facile ; le Golden Throne, quant à lui, a été parcouru à skis. L'escalade de grandes parois est très courante, notamment dans les tours de Trango et sur la Grande Cathédrale.

La Bouche de la Vache

Garhwal Himal, Inde

JIM PERRIN

« C'est là, à Varanasi, que naquit le Gange à une époque où le monde
était jeune et innocent ; mais ensuite il battit en retraite à cause
de la cruauté de l'homme, et il vit retiré encore aujourd'hui.
Assis dans l'étouffante chaleur de la nuit, j'ai les pensées et les souvenirs
qui me ramènent à 1 000 km en amont, jusqu'aux grottes glaciaires
qui voient aujourd'hui le fleuve naître sur le front du glacier de Gangotri
et jusqu'au Shivalingam, la montagne suprême du Shivling lui-même. »

PAGE 126 : le Bhagirathi II et le Bhagirathi III s'élancent au-delà des moraines, aux alentours de Gaumukh.

Le Bhagirathi, autrement dit le « Gange bébé », près de Bhujbas, tout près de sa source à Gaumukh. À l'arrière-plan, les pics du Bhagirathi Parbat.

L'Inde est un pays qui me transporte et me trouble à la fois. L'arrivée de nuit à Delhi, l'agitation frénétique et cacophonique de la circulation dans les principales artères, l'acceptation de la détresse humaine à chaque coin de rue, la chaleur poisseuse et les odeurs mêlées d'épices et de pourriture, le calme méthodique des employés des chemins de fer, le côté sincèrement gentil et attentionné des compagnons de voyage, la chaleur brûlante à midi, la férocité agressive des conducteurs de pousse-pousse. Je viens d'émerger de tout cela, en pénétrant dans la fraîche sérénité de l'hôtel de Shashank Singh sur l'Assu Ghat, à Varanasi ; du balcon, la nuit, je contemple le grand arc que forme le Gange, le fleuve sacré de l'Inde tout entière, qui déploie ses méandres à travers la fournaise des plaines du Nord.

Ici, à Varanasi, des éclairs clignotent sur la rive opposée, et les arbres s'illuminent d'une lumière turquoise ; elle réveille des mainates et des choucas, qui volent le bec ouvert en poussant des cris incessants ; des cigales émettent leur bruit de scie qui ressemble à celui de roulements usés, une lune bossue monte au-dessus du fleuve. Il y a aussi des lambeaux de nuages haut dans le ciel, des vautours qui étendent leurs ailes au-dessus de l'eau et un curieux oiseau noir qui continue, à minuit, à jouer dans le souffle chaud du vent. Des hurlements violents éclatent parmi la foule des pauvres massés sur la rive du fleuve. Des fidèles passent, en route pour le pèlerinage de Panchatirtha ; des veuves vêtues de blanc comme des fantômes se dirigent vers le rivage argileux pour se baigner. Elles font une pause près des *satis*, ces pierres qui commémorent la crémation des veuves sur le bûcher de leur mari ; elles enduisent de vermillon les *shivalingas*, vieilles pierres noires et polies que l'on trouve partout dans le pays, et les ornent de guirlandes de soucis.

C'est là, à Varanasi, que naquit le Gange à une époque où le monde était jeune et innocent ; mais ensuite, il battit en retraite à cause de la cruauté de l'homme, et il vit retiré encore aujourd'hui. Assis dans l'étouffante chaleur de la nuit, j'ai les pensées et les souvenirs qui me ramènent à 1 000 km en amont, jusqu'aux grottes glaciaires qui voient aujourd'hui le fleuve naître sur le front du glacier de Gangotri, et jusqu'au Shivalingam, la montagne suprême du Shivling lui-même.

Je me rappelle la sensation immédiate et prolongée que m'avait procurée un trekking à Gaumukh. Le bouillonnement froid du cours d'eau qui sourdait des fissures noires de la glace grise ; les aubes couleur jaune citron ; les pluviers guignards de Bhojbasa, qui étaient certainement les mêmes oiseaux que je vois à chaque printemps dans mes collines galloises de Carneddau ; cette vieille femme avec sa famille brahmane, avec son mari gras et suffisant qui marche devant elle d'un pas traînant sur le chemin qui longe la gorge ; la dévotion tangible que montrent ces pèlerins pour

Le temple dédié à Ganga Devi à Gangotri est un lieu important de pèlerinage. C'est ici, au-dessous de chutes impressionnantes, que le saint hindou Raja Bhagirathi choisit de méditer.

Un sadhu *remonte le sentier de la vallée du Bhagirathi: il est en route pour le lieu sacré entre tous, la source du fleuve à Gaumukh, à une quinzaine de kilomètres au-dessus de Gangotri.*

le fleuve; la douce odeur de foin dispensée par une plante qui ressemble à du persil; à Chirbasa, un oiseau semblable à un rougegorge, dos brun foncé et poitrine carmin; le ciel d'Inde, au bleu délavé; le vol dérivant d'un crave, à 6 000 m d'altitude; les dimensions inhumaines et l'indifférence d'un monde qui, dans le domaine de la création, en est à l'âge de la sculpture; le scintillement cristallin des grandes crêtes du Shivling au-dessus de Tapoban, au crépuscule.

C'était il y a deux ans. Dans Delhi, la dernière pluie de mousson tombait à verse, et un air humide et brûlant nous cinglait le visage comme une gifle lentement donnée mais bien appliquée. Cette ville qui vous brise le cœur, c'est la première étape du processus qui va vous faire pénétrer dans les mystères de l'Himalaya. C'est un point de rupture, qui n'a rien à voir avec ce que vous avez vécu. Toutes les valeurs auxquelles vous vous cramponnez sont entraînées dans un tourbillon. Ici n'est pas un endroit que l'on reconnaît: il exige que l'on soit prêt à voir les choses et à les regarder, encore et encore.

Delhi peut, aux yeux de ceux qui précisément ne sont pas prêts, donner l'impression d'un interlude et communiquer un sentiment d'ennui et de frustration. C'est pourtant l'entrée de l'Himalaya que doivent franchir les randonneurs et les alpinistes. Des cerfs-volants flottent paresseusement en décrivant des cercles ; des huppes sautillent dans l'herbe d'une manière excentrique ; des cochons farfouillent dans un tas de fumier ; des hommes et des femmes défèquent en groupe sous les murailles du Fort Rouge, puis se dandinent comme des canards jusqu'à une flaque, où ils vont se laver. Pour me conformer à la bureaucratie kafkaïenne qui règne dans le pays, j'ai dû aller dans un bureau en pleine dégradation situé dans un faubourg sale et délabré. Comme emportées par un courant, des branches de saule ondulent dans la pièce par un carreau cassé, au-dessus de la tête du fonctionnaire, qui me parle de l'eau du Gange : il pourrait bientôt me délivrer une autorisation d'aller en visiter la source. « Pendant les périodes saintes, nous déposons une goutte de son eau sur la langue ; nous nous baignons dans son cours avant de nous marier et avant de mourir. Cette eau a la propriété de ne jamais se corrompre, elle ne contient pas de germes, elle est toujours pure. Les scientifiques ont fait des expériences, mais l'origine de cette propriété n'a jamais été élucidée. »

Et deux ans plus tard, à Varanasi, je me remémore ces mots en regardant les baigneurs qui, à l'aube, lèvent leurs coupes cuivrées au soleil levant et boivent, à 10 m en aval d'une sortie d'égout, à 5 m d'un cadavre tout gonflé. Ah ! la foi...

Dans la capitale, alors que je suis cantonné dans l'hôtel, prêt à partir dès que les autorisations auront été délivrées, j'observe des hippies translucides croiser des trekkers venus du nord de l'Angleterre sans même leur adresser un signe de tête.

Enfin nous partons : trains, bus, la terreur d'un voyage de nuit depuis Uttarkashi sur 100 km d'une route non asphaltée et plongée dans l'obscurité, une pluie furieuse plus loin en aval. Une fois, le bus a même fait un dérapage, et j'ai vu le bord de la route s'effondrer dans l'abîme. Nous avons avancé dans une embardée.

Enfin à Gangotri, je m'assieds sur les marches du temple, d'où les fidèles vont se baigner, et j'écoute. En surface, la note haute est toute en ruée et en sifflement ; au-dessous, c'est un grondement plus grave, plus percutant, de blocs de pierre et de cailloux qui tapent le long du lit du fleuve qui saute sur votre imagination. Je sens mes poumons se dilater, je commence à m'absorber dans le rythme de l'endroit. En amont du temple, le sentier abrupt monte en lacet jusqu'aux bois de déodars. Les profondes respirations qui vous émeuvent désormais sont elles-mêmes une allégresse – et vous vous étonnez de tant d'air vivant, subtil et vif, ici à 3 000 m d'altitude, comme d'une fraîche eau de source après avoir bu en trop grande quantité le vin de la civilisation.

J'apprends beaucoup de ceux qui sont ici chez eux. Minces et musclés, les porteurs garhwalis passent d'un pas lourd devant moi, alors que je suis assis en train de boire du thé. Lestés de charges pesant près de 25 kg qu'ils ont arrimées avec des cordes, ils progressent imperturbablement sur le tronc d'arbre qui

CI-DESSUS : *l'aiguille imposante du Shivling se dresse ici dans la lumière de l'aube, au-dessus des prairies de Tapoban dominant Gaumukh.*

La source du Gange : Gaumukh (la « Bouche de la vache »), là où est né Bhagirathi, à l'extrémité du grand glacier de Gangotri.

Dominés par des pics rocheux petits mais bien proportionnés, le sentier des pèlerins pour Gaumukh est aussi un itinéraire de trekking absolument enchanteur.

enjambe le torrent, là où j'ai eu toutes les peines du monde à garder mon équilibre. Je les regarde plus attentivement. Ces hommes aux yeux perçants, vêtus de toile à sac et chaussés de tongs, se déplacent de manière totalement différente de celle des Occidentaux. Le placement de chaque pied est délibéré, le transfert de poids se fait d'instinct et avec assurance. Leur façon de marcher est un art que, une fois qu'on l'a remarqué, l'on se met à pratiquer : avec trop de réflexion et de lenteur sans doute, et sans arriver à leur grâce naturelle, mais qu'importe, on s'est mis à apprendre à marcher. Et puis, c'est aussi là que l'on commence à apprendre à parler, à équilibrer les mots, à en écouter le contenu, et que l'on ne parle plus seulement pour les sons. On écoute la simplicité des porteurs, des sadhus, des cuisiniers. Comme ce grondement percutant dans les profondeurs du fleuve, on retrouve la gravité de sa propre humanité.

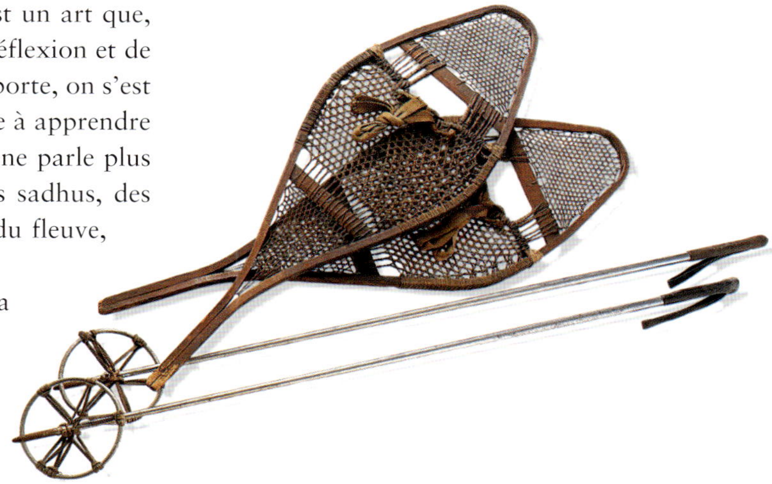

Pendant quelques jours, le temps que la piste soit rétablie après la mousson et que les cours d'eau en crue se retirent, je chemine par monts et par vaux jusqu'à Chirbasa : je m'arrête à la première échoppe de thé sur le chemin, je m'acclimate, je retourne chaque soir dormir au bungalow pour touristes de Gangotri. Dans l'humidité du crépuscule, Ed Douglas et moi sommes assis à la terrasse de l'hôtel *Ganga Niketan*. Quatre alpinistes coréens prennent place à une table près de nous, jaugent notre équipement sans l'approuver, à l'exception de la casquette de montagne d'Ed, qu'ils demandent à voir de plus près. Ils l'examinent avec soin, demandent pour combien de dollars il la vendrait. Irrité, le propriétaire réclame son bien avec fermeté, tandis que les autres dressent la liste de leurs sommets gravis comme s'il s'agissait d'objets marchands.

Pour sortir, je passe près d'un moine en robe safran qui fume des cigarettes de marque Capstan. Où vit-il ? L'été, en amont du fleuve, au-dessous d'un rocher ; l'hiver, à Varanasi, où il étudie le sanscrit et la médecine indienne à la Benares Hindu University. Et la raison de sa présence ici ? Enseigner la santé par la méditation et la sexualité, discipline qui attire à lui de nombreux élèves. Avec la main qui tient la cigarette, il fait un geste ample. Je croise le regard de Sylvia, qui est venue de Dresde pour faire du trekking et s'est jointe à nous : il traduit un léger scepticisme. Le moine est très beau, et il en est conscient, à voir ses expressions et la façon dont il caresse ses longs cheveux bruns.

Je visite le temple pour faire *puja*. Le prêtre observe ma maladresse avec une patience amusée. Il va jusqu'à une statue d'argent ornée de la déesse Ganga pour prier dans l'obscurité de l'édifice, retourne vers moi avec, dans une minuscule louche, de l'eau qu'il verse dans mes mains pour que je la boive, et avec de petites boulettes de sucre fin moulu à manger ; puis il marque mon front de peinture, rouge d'abord, puis jaune. Des nuages dérivent parmi les flèches rocheuses, accentuant les tours, les arêtes, les larges fentes. Un gypaète barbu glisse dans le ciel, et son ombre traverse la roche. Deux hélicoptères remontent la gorge, minuscules engins comparés

PAGE DE GAUCHE : *le massif du Sudershan Parbat se dresse si vertigineusement au-dessus de Gaumukh que ses sommets ne peuvent se voir que de loin. On peut l'admirer ici se refléter dans un lac situé parmi les moraines du Gangotri, au pied du Kedar Dome.*

CI-DESSOUS : *après avoir survécu à une terrible tempête sur le Kedar Dome, ce fut pour nous un véritable plaisir d'être accueillis au camp de base par Bham Bahadur, notre cuisinier loyal et génial, son assistant, et des litres de thé chaud.*

aux pics, dont le bruit du moteur se fond dans le rugissement du fleuve. Et nous, nous nous mettons en route pour rejoindre notre camp de base à Tapoban.

Pour les personnes non acclimatées, ce trajet représente deux ou même trois jours de marche au départ de Gangotri ; mais existe-t-il au monde parcours plus enchanteur, plus passionnant ? Le chemin change sans cesse, les chutes de pierre le balayent. Certains passages de traversée de falaise se font sur des constructions complètement folles en bois, échafaudages soutenus par des étrésillons qui se délabrent et tombent dans le torrent glaciaire. La population rencontrée change, elle aussi. Des pèlerins sont en permanence en route entre Gangotri et Gaumukh, ainsi que des trekkers, des alpinistes, des muletiers, des sadhus vêtus d'orange, couleur symbolisant le renonciation, des militaires et les paisibles porteurs des collines. La grande gorge décrit un arc vers l'est puis vers le sud et remonte dans le soleil en aval des hauts pics du Bhagirathi.

Au-delà de Bhojbasa, hameau de tentes complété d'un bungalow pour touristes de passage, on laisse derrière soi une zone de bouleaux et l'on pénètre dans une contrée couverte de pierres brillantes nouvellement émergées de dessous le glacier qui recule. Le tracé de la piste est vague, qui glisse entre les moraines et les plans d'eau turquoise bordés de zones vaseuses. Son parcours est jalonné ici et là de cairns originaux constitués de pierres plates ornées d'idéogrammes en hindi. Il y a encore quelques années, le chemin menant à Gaumukh et à Tapoban traversait le fleuve à Bhojbasa et suivait la rive gauche. Des glissements de terrain massifs l'ont emporté, et maintenant il serpente sur la droite.

La Bouche de la vache est une série de grandes fissures dans le front du glacier, et dont le cours d'eau sort en force. Près d'elle, on ne voit plus de *dhabas*, leurs abris de toile lestés par des pierres ; les propriétaires sont accroupis sur des plates-formes de couchage recouvertes de toile à sac, attisant les feux de bois dont l'odeur piquante vous alerte à des centaines de mètres et préparant des bouilloires au fond noirci à votre approche. Couverts de cendre, les *sadhus* aux cheveux emmêlés immergent les fidèles dans une eau laiteuse si froide qu'elle brûle. Le chemin continue en oblique au pied de falaises hautes de plusieurs centaines de mètres, au bas desquelles des pierres gémissent et éclatent comme des obus, puis débouche dans le glacier. Je louvoie à l'intérieur. Des glaciers ! J'imaginais que c'était des endroits blancs et miroitants constitués de neige et de crevasses bleues. C'est un site de construction d'autoroute large de 1 500 m, avec des collines imposantes de déblais qui font 100 m de haut. Des blocs de la taille d'une maison grondent ; des glissements de roches démarrent au moindre contact ; des trous bordés de glace râpeuse coupent le chemin. Les affluents glacés du Chturangi et du Kirti ajoutent encore à la fracture et au chaos. À 4 463 m d'altitude, soit à 600 m au-dessus de Gaumukh, et après une escalade dans les éboulis qui laisse hors d'haleine, on atteint enfin la paix en arrivant à Tapoban.

L'endroit est une prairie d'altitude avec le Shivling qui se dresse au-dessus, et d'étranges oiseaux, des traces d'ours et de léopard des neiges dans la boue chaque nuit et des troupeaux de *bharals*. Au-dessus de nous, toujours, il y a la présence imposante du Shivling, fantasmagorique sous le clair de lune et luisant sous le

Avec ses deux sommets jumeaux, le Shivling se présente ici dans toute sa splendeur, sur cette vue réalisée depuis le flanc du Kedar Dome. Cette montagne, qui culmine plus haut que le Shilving, offre une face sud particulièrement terrifiante ; toutefois, le flanc nord-ouest étant relativement plus facile, nous fûmes quatre à en tenter l'ascension à ski, au début d'un mois de mai. Nous étions parvenus à bonne altitude et nous voyions déjà rendus au sommet quand nous a frappés la pire des tempêtes qu'il m'ait jamais été donné d'affronter : elle se déclara sans aucun signe annonciateur et dura sept jours, ne nous accordant de répit que lors des courtes accalmies. Je ne sais comment nous avons réussi à battre en retraite sans dommage.

soleil du matin, tour à tour repoussant et tentant, enrichissant dans son ambiance de roche chaude et de rafales furieuses, ses dissimulations et ses splendeurs, sa différence cristalline, le jugement partagé par beaucoup qu'il s'agit du plus beau pic du monde.

D'une certaine façon, je ne suis pas submergé par le désir d'atteindre son sommet, et en tout état de cause je ne me suis pas joint à cette expédition en tant qu'alpiniste. Par moments, au camp de base, alors que je lève les yeux pour contempler la flèche surnaturelle du Shivling, les mots de Menlove Edwards reviennent avec force dans ma tête : « Cette ascension. Peut-être qu'on n'a jamais été fait pour elle. J'ai la suffisance de penser que j'étais même fait pour plus : plus que pour satisfaire à l'extrême sa propre fierté. »

Tous les membres de l'expédition, je pense, ressentent envers les sommets des émotions mêlées qui vont d'un grand désir poignant jusqu'à la peur misérable, psychologiquement dévastatrice. Certains regardent avec sagesse la barrière de séracs, à plus de 6 200 m, au-dessous de la dernière section de neige ; et ils arrivent à la conclusion détachée que la menace est trop grande et trop imprévisible pour s'y exposer. D'autres, à l'inverse, acceptent le risque. Il existe un extraordinaire degré de friction entre certains des alpinistes ;

leur ego et leurs ambitions s'opposent fortement, leur attention se portant sur eux-mêmes plutôt que sur le paysage. La compétition et l'idée de conquête dominent et s'opposent aux idées de ceux qui ne connaissent pas de telles fixations.

Sylvia et moi gravitons ensemble. Elle, c'est une personne plutôt avisée, sage, prudente, et moi je suis un peu plus âgé. Quand arrive pour elle le moment de poursuivre son voyage jusqu'à Madras, je redescends avec elle jusqu'à Gangotri, quittant ce monde de pierre, sa dureté et les comportements sinistres qu'il engendre. Nous trouvons une chambre dans un établissement pour pèlerins, de l'autre côté du fleuve par rapport au temple. On nous apporte de l'eau chaude, et nous nous lavons. Avec hésitation, nous gagnons en intimité. Par le biais de mon allemand approximatif et de son anglais qui est meilleur, nous explorons les ellipses de la communication. Après l'âpreté du paysage et de ses corrélatifs humains, place à la douceur et à la découverte. La nuit est ponctuée par le rythme des chants et les cloches du temple au-dehors. Quelques jours passent, un temps qui paraît particulièrement béni, et puis Sylvia prend l'autocar à destination d'Uttarkashi. Je reviens dans la chambre que ce départ a rendu vide, je rassemble mes affaires; puis, en une journée, je retourne à Tapoban, ragaillardi.

L'expédition s'est désagrégée. On m'enrôle comme alpiniste. Quatre fois, seul ou avec différents partenaires, on me fait aller jusqu'aux camps d'altitude pour

En amont du glacier de Gangotri, Tapoban Meadow s'étend autour du pied du Shivling. L'été, la profusion de fleurs alpines fait de cet endroit un lieu superbe qu'habitent trois ermites hindous ; à l'inverse, l'hiver le transforme en un désert blanc tout à fait inhospitalier. Ci-dessous, un camp de trekkers montés à la fin d'un mois de mai, période postérieure aux neiges hivernales mais antérieures à la mousson et à la floraison. À l'arrière plan à droite, on distingue la face nord-est du Meru, dont l'ascension constitue un défi particulièrement sérieux.

Le Shivling présente un aspect tout à fait différent quand on le contemple depuis le sud-est, en aval de Kedar Dome. Son impressionnante face sud, éclairée ici par la lumière de l'aube, est fort tentante pour les alpinistes audacieux. Au cours de ces dernières années, des hommes ont gravi aussi bien la crête (ligne sur la droite) que la face située juste au-dessous du col central, ou encore la crête sud-est du sommet sud, qui culmine à une altitude moindre.

attaquer le Shivling. Je transporte des charges, je m'habitue, écœuré par le comportement d'autres expéditions, terrifié à la vue d'un Coréen victime d'un œdème cérébral que l'on traîne sous les aisselles à travers la moraine du glacier du Meru, au crépuscule.

Ma mémoire est perturbée par une matinée en particulier. Ed et moi avons passé une nuit atrocement inconfortable dans une minuscule tente, à 5 700 m ; c'est ma troisième nuit blanche consécutivement. Nous partons épuisés au point du jour et montons l'arête. Dans l'ombre bleue, nos doigts et nos orteils ne ressentent rien. Des avalanches et des chutes de pierres dévalent la face ensoleillée du Meru, de l'autre côté du glacier. Mon organisme réagit comme d'habitude, violemment, à nos rations alimentaires d'altitude : vomissements et diarrhées provoquées par la graisse et la viande que je me suis forcé à avaler par gloutonnerie hier soir. Quand tout est sorti par tous les orifices, la sensation de gêne s'intensifie, le tout accompagné d'une lancinante difficulté à respirer. Je prends alors conscience de l'extrême dureté d'une ascension himalayenne, due à un équipement qui ne m'est pas familier, à une détermination qui s'émousse et à une incompétence qui me fait trébucher.

Les marches rocheuses sur l'arête se dressent devant moi. Par un effort de volonté, je me détends, me résouds à trouver rythme et contrôle, et commence à monter. Insensiblement, mon attention est captivée par les subtilités et le côté technique de l'ascension. Deux tours se dressent devant nous, et l'essentiel de la difficulté est concentré sur la seconde – un mince sillon de granit rouge, avec des guirlandes de cordes fixes, effilochées, abandonnées par des expéditions précédentes, qui pendent sur les parois, et un ruban de glace dure de l'autre côté. Les dénivellations vers les glaciers suspendus sont impressionnantes, les risques importants quand on monte en solo. Mais subitement me voici fasciné par la processus de l'ascension, ravi par l'environnement. Je me délecte du placement délicat d'un crampon sur de minuscules écailles et fissures ou de la courbure d'un corps. En l'espace d'une demi-heure de progression, je découvre quelle fascination réside dans ce qui n'est qu'un jeu, et cela me suffit. J'ai la révélation. J'observe, à partir de la crête latérale contiguë aux séracs, Ed – qui, lui, est jeune, en forme et acclimaté. Il escalade le court mur glacé qui constitue la dernière barrière technique avant le sommet. Il hésite, ses pieds glissent par endroits. Des fragments de glace tombent. Je ne vois pas la corde fixée qu'il grimpe au jumar ; je suppose qu'il est encore en solo. Je le vois rejoindre les trois Tchèques qui sont devant nous. Avec une infinie tristesse, je regarde mon piolet de marche, et j'en conclus que ce qui se passe maintenant en tête n'est pas pour moi.

Il est 10 heures, la matinée est claire et paisible, et le sommet est à 300 m. Je redescends avec juste un soupçon de regret. Parce que je sais maintenant que je reviendrai, que cette attirance pour les grands sommets s'est ancrée en moi.

Ensuite, je me repose au bord du fleuve, dont le cours se dirige vers Tapoban. Une avocette avance sur les marécages de sable, pattes bleu cuivré, bec retroussé qui fouille, plumage bigarré luisant. L'illumination acide de R.D. Laing constitue ma prière : « J'ai vu l'oiseau de paradis. Il a étendu ses ailes devant moi, et je ne serai plus jamais le même. Il n'y a rien dont je doive avoir peur. Rien. La Vie que je cherche à saisir est le Moi qui cherche à la saisir. »

Une semaine plus tard, posté sur le toit d'un hôtel d'Agra, avec le dôme et les minarets du Taj Mahal qui luisent au-dessus de la brume sous l'éclat d'une pleine lune, je brûle de l'évanescence de ce monument, superbe témoignage de la création humaine et l'un des plus beaux édifices élevés en hommage à l'amour. Et j'ai une intuition : l'intuition qu'il y a des façons d'approcher les montagnes ; que si votre propre caractère vous porte à vous élever par le contact avec elles, ce doit être par la compréhension de leur beauté, par le respect et le désir d'établir entre vous et l'objet de votre désir la perfection du rythme mutuel : ce doit être un mariage et non un viol.

Laurie Skreslet et Wanda Ruktiewicz sur la moraine latérale, en aval du Karchakund. Plus loin, au-delà du glacier de Gangotri, se dressent les imposantes parois sud du Bhagirathi III dont les sommets ont été vaincus.

GARHWAL HIMAL, INDE – FICHE PRATIQUE

PLANTONS LE DÉCOR

Gaumukh (la « Bouche de la vache ») est le front du glacier du Gangotri, sans doute le plus grand glacier de l'Himalaya indien, et la principale source du Gange, ou Bhagirathi Gangi, fleuve sacré de l'Inde. Celui-ci plonge à Gangotri en une chute spectaculaire qui s'étend sur une quinzaine de kilomètres. Le saint hindou Raja Bhagirathi choisit d'y méditer, et Gangotri est devenu un lieu de pèlerinage où les fidèles viennent se livrer à des ablutions dans le fleuve naissant; les trekkers, quant à eux, en font un point de départ vers Gaumukh. Une première exploration du glacier fut effectuée en 1933 par une expédition menée par Marco Pallis. Shipton et Tilman y revinrent en 1935, et tout le glacier fut entièrement étudié l'année suivante. Dès 1939, plusieurs sommets avaient été gravis, notamment le Bhagirathi II.

L'ACCÈS

Cette zone est l'une des plus accessibles de l'Himalaya, grâce à des routes militaires construites lors des tensions frontalières. Le centre de la région considérée est Uttarkashi, à deux jours de Delhi par autocar ou en voiture. On peut réserver des porteurs dans le bazar, très animé. Le Nehru Institute of Mountaineering est situé au-dessus de la ville. Une route de montagne de 75 km environ mène à l'impressionnante gorge du Bhagirathi vers Gangotri, puis un sentier de pèlerins très fréquenté conduit en deux jours à Gaumukh. Au-delà, le trajet s'apparente à une véritable expédition.

Le trekking n'exige pas d'autorisation, mais l'escalade est strictement réglementée: un permis doit être délivré six mois à l'avance et il faut acquitter des *peak fees* (droits d'escalade) et s'attacher les services d'un officier de liaison. Pour l'alpinisme, les meilleurs mois sont juin et septembre, avant et après la mousson.

CI-CONTRE: *Hywel Lloyd empruntant la piste des pèlerins qui mène à Gaumukh. On est au printemps, et le petit pic encore resplendissant dans son habit hivernal est l'antécime nord du Meru; on le voit également page 132.*

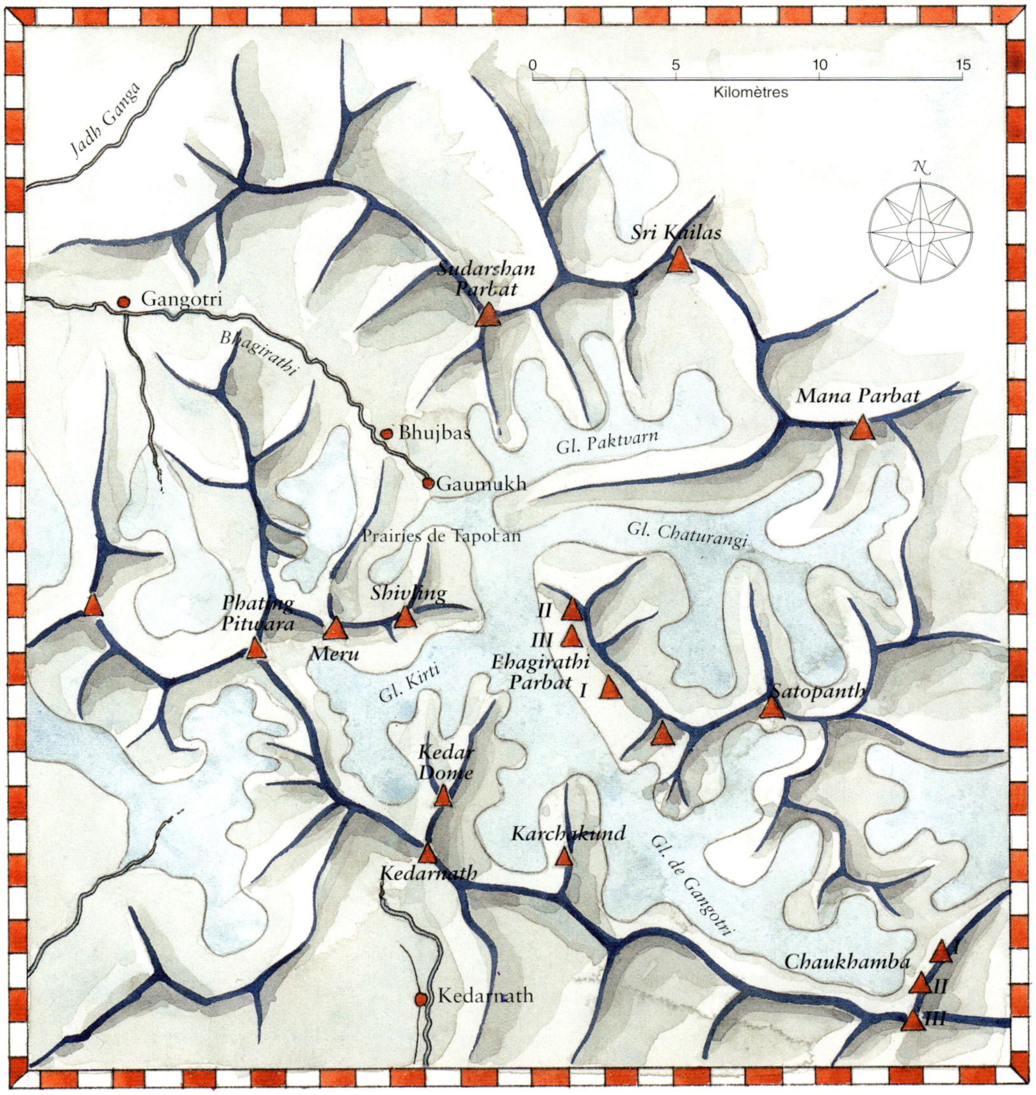

L'ALPINISME ET LE TREKKING

Une fois que l'on est en amont de Gaumukh, il n'existe pas de circuits de trekking faciles, mais plusieurs vallées secondaires sont intéressantes. Les routes vers le glacier de Gangotri sont difficiles, mais permettent d'accéder à de splendides points de vue. La région du Garhwal Himal offre des possibilités uniques d'escalade sur du granit, de la neige et de la glace, pour grimpeurs de tous niveaux et à des altitudes raisonnables. Le Shivling, le Thalay Sagar et le Bhagirathi III sont des montagnes sérieuses.

Thalay Sagar	*6 904 m*
Bhagirathi I	*6 856 m*
Kedar Dome	*6 831 m*
Shivling	*6 543 m*
Bhagirathi II	*6 512 m*
Sudershan Parbat	*6 507 m*
Bhagirathi III	*6 454 m*
Meru	*6 450 m*
Prairies de Tapoban	*env. 4 300 m*
Gaumukh	*3 892 m*
Bhujbas	*3 790 m*
Gangotri	*3 048 m*

Le Domaine des Dieux

Himalaya, Népal

KEV REYNOLDS

« Un trekking en Himalaya est une confrontation avec l'instantanéité de la vie. Il apprend la valeur de chaque moment, car il n'existe rien pour filtrer les expériences nouvelles : chacune surgit avec une grisante immédiateté. On est transporté par la nouveauté soudaine d'une vue, d'un son, d'une odeur ; on est confronté à un désespoir momentané quand le chemin plonge pour remonter à pic juste après, ou qu'il a été emporté par la dernière mousson ou bloqué par la dernière chute de pierres. Là-bas, la vie est instantanée. »

PAGE 142 : au-dessus du camp II, sur la crête nord-est de l'Himalchuli.

Le Makalu est la cinquième plus haute montagne du monde ; on en voit ici une vue peu courante, celle de son flanc est au Tibet, prise à partir de la crête d'altitude du Milke Danda, en amont de la rivière Tamur. L'approche de la région du Kangchenjunga est superbe, car elle permet de jouir des plus beaux points de vue de l'est du Népal.

Après douze jours de marche, j'arrive au premier des deux petits lacs glaciaires qui sont coincés dans une vallée d'ablation, au-dessous des moraines noires latérales du glacier de Yalung. Je pose sac à terre, m'assieds sur un rocher bienvenu et écoute le silence. Je me souviens avoir lu un jour que le silence est la confession que l'homme fait de sa propre surdité. « L'auteur qui a écrit ça ne s'est jamais trouvé seul dans l'Himalaya par un jour tranquille de novembre », me dis-je. Puis je m'abandonne au silence. Et si incroyable que cela puisse paraître, c'est cet auteur qui a raison : finalement, rien n'est tout à fait silencieux. Presque dépourvu de son, peut-être, mais pas complètement. Car survient la pointe d'une brise, oh ! juste la pointe, pleine de givre mordant arraché à la face glaciaire. De l'autre côté du glacier, Koktang est un rideau de cristal dont la crête cannelée et immaculée incline des ombres pour souligner chaque plissement, chaque ondulation. La brise est venue de l'échancrure du Rathong La, qui forme un profond sillon entre Koktang et Rathong, et au travers duquel on voit des montagnes qui n'appartiennent pas au Népal, mais à l'Inde.

Je ne sais pas combien de temps j'ai joui de cette solitude, perché sur le rocher ; toujours est-il que, pour finir, cette paix a été interrompue par une voix familière, suivie par une toux, un raclement de gorge et un crachat bien dirigé. L'un après l'autre, les porteurs surgissent au-dessus de l'escarpement et avancent péniblement sur l'herbe rase tondue par les dents des yacks. Ces hommes transportent d'énormes charges pour la cuisine, contenues dans des *dokos* d'osier retenus pas une courroie passant sur leur front mouillé de sueur.

Ce jour-là, nous parcourons une petite étape. Notre groupe s'arrête peu après les lacs, dans la vaste prairie de Ramze, non loin de l'endroit où la vallée s'incurve brusquement vers le nord. Le Boktoh a comme éraflé le ciel au-dessus et derrière le campement. Nous avons planté nos tentes à peu près à l'altitude où culmine le mont Blanc, et le froid est extrêmement mordant cette nuit-là. Je le brave à 1 heure du matin pour satisfaire un besoin personnel : tout est blanc de givre. Au-dessus de ma tête, les étoiles sont suffisamment proches pour qu'on puisse les toucher. Des diamants, voilà ce qu'elles sont : des diamants qui étincellent dans la nuit de velours, si brillants qu'on est tenté de tendre le bras, de les décrocher du ciel et de les rapporter sous la tente pour s'éclairer.

Le ciel, la nuit, en plein Himalaya, est très particulier : une parfaite noirceur saupoudrée des étoiles les plus proches et les plus nettes. Et les nuits de lune, une

Les buttes-témoins du Kangchenjunga, le Kabru South (à l'extrême gauche) et le Rathong (à gauche), se dressent sur la frontière avec le Sikkim. La mer de nuages recouvre le glacier de Yalung. La photo a été prise du Sinelapcha La, col situé au-dessus de la vallée de Ghunsa.

Vêtu avec la plus extrême correction, ce Britannique emporte son parapluie même sur le glacier du Yalong. Derrière lui, le Taskopkiya (5 400 m), situé à la frontière avec le Sikkim.

lueur éthérée enveloppe montagnes et vallées de son propre mystère. Je me rappelle être resté assis seul dans l'obscurité, un soir où le froid était aussi vif que cette nuit, en route vers le Manaslu, et avoir observé un cirque situé de l'autre côté de la gorge qui se transformait en un chaudron bouillonnant d'écume à mesure que montait une pleine lune et qui déversait son contenu sur la bordure du cirque. Une autre nuit, alors que j'étais dans la région reculée du Dolpo, j'ai contemplé l'autre versant de la vallée où une lune jaune me surveillait à une altitude inférieure à la position de ma tente : je n'exagère rien, je le promets.

Très tôt le lendemain matin, nous prenons un thé au lit, dominés par le Boktoh. Nous terminons notre petit déjeuner avant le lever du soleil. Et nous voilà partis, le gel faisant crisser le sol sous nos pas. L'équipe suit la courbure de la vallée vers la masse imposante du Kangchenjunga, qui forme un vaste mur blanc à la tête du glacier de Yalung. Je me dirige vers lui en empruntant une véritable avenue bordée de pics enneigés tapis dans l'ombre. Mais, sur l'autre versant du Kabru Dome, du Kabru et du Talung, le soleil, caché derrière une prairie du Sikkim, commence à s'éveiller. Soudain, le Talung, seul, explose de lumière.

Deux tentes sur la prairie à yacks de Pangpema, près du front du clacier de Kangchenjunga, à plus de 5 000 m d'altitude. C'est le camp de base pour l'ascension de l'intimidante face nord-ouest du Kangchenjunga.

Avec ses 8 586 m, le Kangchenjunga est la troisième plus haute montagne du monde ; c'est un gigantesque massif comportant cinq sommets importants et autant de grands glaciers. En tibétain, Kangchenjunga signifie les « Cinq Trésors des grandes neiges » : il s'agit sans doute là d'une référence non à ses sommets, mais aux champs de glace qui en proviennent. Comme c'est fréquent pour ces géants himalayens, le sommet principal est un lieu sacré, le domaine des dieux. Par respect pour les croyances locales, les trois premières expéditions qui réussirent l'ascension se sont arrêtées juste avant la crête. Mais, ainsi que le commenta narquoisement Doug Scott, « les Japonais, qui effectuèrent la quatrième ascension (en 1980), piétinèrent tous le sommet ». Pemba, qui se trouvait avec moi en ce matin de novembre, était monté l'année précédente avec une autre expédition japonaise, et avait passé quarante-cinq jours sur la montagne ou au pied de celle-ci. Tout excité de s'y retrouver, il me montre du doigt certains endroits en s'exprimant dans un anglais approximatif : l'emplacement du camp 2, le camp 3, la Corniche. Puis il se tourne vers Dendi, et relate chaque mouvement sur cette face redoutable dans un dialecte trop particulier pour que je puisse le déchiffrer.

Dernières lueurs du jour sur le sommet du Jannu (à l'extrême gauche), plus de 3 500 m au-dessus de notre camp de Khambachen kharka, dans la vallée du Ghunsa Khola. Les deux autres sommets que l'on voit ici, devant le Jannu, sont le Phole Sobithongje let le Khabur.

Nous nous trouvons maintenant sur la moraine, avec le glacier parsemé de débris rocheux juste en aval. Devant et sur la gauche se dresse le Jannu, avec le Khambachen plus loin. Dans un ravin au-dessus de nous défile un petit troupeau de *bharals*, ces « moutons bleus » qui ne sont ni moutons ni bleus. Les pierres s'entrechoquent à leur passage. Je manque de souffle, autant du fait de l'altitude qu'à cause de ce qui se présente devant moi, derrière moi, au-dessus de moi. Je suis donc ravi de pouvoir me reposer en arrivant à un important *chorten*, sorte de grande borne érigée sur la crête de la moraine, avec le Kangchenjunga en toile de fond. Mes compagnons sherpas s'immobilisent devant cet assemblage de pierres au sommet duquel sont fichés des bambous portant des bandes de tissu imprimé. Une rafale de vent fait claquer ces drapeaux et dérange les hommes en prière. Une litanie de *Om mani padme um* est adressée aux divinités de la montagne.

Pemba et Dendi, fervents croyants, étalent leurs offrandes sur une dalle de pierre coincée dans le *chorten* : riz, pétales de fleurs venus des contreforts et petites coupures en roupies. Puis leurs prières à l'unisson sont marmonnées en un chant grave, des chapelets sont égrenés avec des pouces aux ongles cassés. Le chant devient partie intégrante du paysage. Tout est fait dans les règles de l'art. Quand ils ont terminé, Pemba se tourne vers moi : « Tu dois prier maintenant, m'ordonne-t-il. – D'accord, mais comment ? – Prie comme nous on le fait, pour revenir un jour ici. » Je m'exécute…

L'âge d'or de l'escalade dans l'Himalaya s'est terminé il y a des décennies, une fois que tous les sommets principaux ont été vaincus. A commencé alors un âge d'argent, avec la réussite d'impressionnants itinéraires nouveaux sur des crêtes, des faces et des contreforts qui, jusqu'alors, n'avaient pas été défiés. Aujourd'hui, les quatorze « 8 000 » sont devenus pour les alpinistes les suprêmes objets de collection, suivis de près par le plus haut sommet de chaque continent.

Franchissement d'un pont branlant mais caractéristique sur la Kabeli Khola, près du village de Yamphudin, situé dans les contreforts du Kangchenjunga. On trouvera page 120 la photographie d'un pont suspendu plus primitif, dans le Karakoram.

Mais il existe bien d'autres moyens de céder à une passion pour la montagne. En ce qui me concerne, je suis content de partir dans des endroits sauvages, sur des chemins qui longent des parois rocheuses, qui traversent les cols en aval de pics, qui relient des vallées et font passer d'un paysage grandiose à un autre. Cet attrait pour ce qui est sauvage perturbe mes rêves. Ce que je préfère par-dessus tout, c'est parcourir le royaume des dieux pendant des jours et des semaines, sans aucune contrainte de temps. Un trekking en Himalaya est une confrontation avec l'instantanéité de la vie. Il apprend la valeur de chaque moment, car il n'existe rien pour filtrer les expériences nouvelles : chacune surgit avec une grisante immédiateté. On est transporté par la nouveauté soudaine d'une vue, d'un son, d'une odeur ; on est confronté à un désespoir momentané quand le chemin plonge pour remonter à pic juste après, ou qu'il a été emporté par la dernière mousson ou bloqué par la dernière chute de pierres. Là-bas, la vie est instantanée.

Tout ce qui compte, c'est le respect des principes de base de la météorologie, les exigences de la piste, le prochain repas, l'endroit où poser sa tête la nuit. Rien n'existe hormis cela, et l'allure du randonneur est parfaite pour absorber les mille et un détails qui créent la richesse de la vie. Le trekking est un moyen vers une fin, et une fin en soi. Bill Tilman l'a bien compris en disant, il y a des années de cela :

La Singalida Danda est la crête séparant le Sikkim du Népal. Au loin, les sommets de la crête émergent d'une mer de nuages tandis que, au premier plan, des drapeaux de prière ornent un chorten*, dont on voit les contours. Ce belvédère est situé à proximité du Sinelapcha La, col qui fut franchi par Douglas Freshfield lors de son ambitieux circuit autour du Kangchenjunga en 1899.*

CI-DESSUS : pour moi, cette photo représente l'un des plus grandioses points de vue du monde. Il plonge dans la région interdite du Mustang, depuis le Point 5 255 m, situé au nord. Étincelant dans sa profonde gorge et dominée ici par l'immense sommet du Dhaulagiri, la Khali Gandaki coule à travers la chaîne du Grand Himalaya.

CI-DESSOUS : le gompa (monastère) de Tarakot, surmonté de drapeaux de prière, est situé au-dessus des gorges de la Barbung Khola et domine l'entrée du Dolpo, à l'extrémité ouest du Dhaula Himal. Nous l'avons trouvé habité par deux religieuses pratiquant le mystérieux rite bon, qui est antérieur au bouddhisme.

« Je sentais que je pourrais continuer ainsi pour toujours, que la vie avait peu à offrir à part marcher jour après jour dans une contrée inconnue, vers un but inaccessible. »

À l'extrême ouest du Népal, Kirken, moi ainsi que quelques porteurs cheminons pendant un printemps himalayen, dans une région qui n'avait sans doute jamais vu d'Occidentaux ; et nous nous perdons pendant des jours. Quand je dis perdu, c'est vraiment perdu, à ne pas avoir la plus vague idée de l'endroit où nous sommes, jusqu'à ce que nous arrivions sur le sentier des Humlas, une population de pasteurs qui fait du commerce depuis des siècles, et peut-être des millénaires, de part et d'autre de la ligne de partage des eaux. Leurs troupeaux de moutons et de chèvres, bâtés de paniers lestés de 15 kg de sel ou de céréales, déplacent des nuages de poussière en franchissant des cols reculés ou en traversant des vallées mystérieuses. Nous suivons le même chemin en toussant, nous partageons la même poussière et les mêmes étoiles, entre des montagnes sans nom qui nous tracent des couloirs entre lesquels nous progressons.

Dans le Dolpo, c'est principalement le yack qui assure le transport de marchandises et rapporte du sel du Tibet. Nous en avons rencontré une fois une colonne, en octobre, alors que nous descendions du Baga La (5 090 m) vers la splendeur turquoise du lac de Phuksundo, que Peter Matthiessen a décrit avec tant d'émotion dans *Le Léopard des neiges*. Nous ne croiserons pas de léopard pendant ce trekking ; mais Kirken, qui organise de nombreuses randonnées au Népal, a passé trois mois avec un naturaliste il y a quelques années, dans le Dolpo intérieur, à tenter de découvrir les traces de cet animal insaisissable. Il a à son répertoire tout un lot d'histoires pour divertir un camp.

Un trekking au Népal est une expérience unique, grâce à Jimmy Roberts, un officier de Ghurkas en retraite qui est aussi un alpiniste chevronné. Il a toujours considéré que, même s'il est assez inconfortable de passer la plupart du temps à très haute altitude, l'approche des grandes montagnes offre une expérience relaxante dans un cadre magnifique, en profitant du véritable luxe que représentent des Sherpas qui font la cuisine, montent et démontent les camps et s'occupent de toute la logistique. Il s'est dit que ce type de voyage serait de nature à intéresser des gens qui ne se sont jamais considérés comme des montagnards, mais qui restent attirés par les espaces sauvages. Il a vu juste !

Cette vision des choses n'est bien sûr pas la seule possible. Dans les régions plus fréquentées de l'Annapurna, du Khumbu et du Langtang, il est possible de se passer de Sherpas pendant des semaines d'affilée, et ce sans avoir à porter trop de poids sur le dos, en recourant aux haltes dans les nombreux bungalows et échoppes de thé. Dans cette région, il n'existe pas d'hôtel à l'occidentale, mais on sera satisfait du service si l'on ne se montre pas trop exigeant. Notez bien que de nombreux novices s'angoissent sur des questions alimentaires et sanitaires qui gâchent quelque peu leur séjour. Une fois, j'ai rencontré sur le circuit de l'Annapurna un Américain qui paraissait résistant, mais qui avait si peur d'attraper une maladie en mangeant lors de ces haltes qu'il avait embauché un Gurung pour lui porter son sac à dos, tandis que lui cheminait avec, à la main, une boîte de lait en poudre et, dans les poches, des barres chocolatées. En fait, l'Annapurna est la contrée la plus occidentalisée du Népal. On y trouve du Coca dans toutes les échoppes de thé, et dans les bungalows on propose beaucoup plus de pizzas et de parts d'*apple-pie* (tarte aux pommes) que de *daal bhat*, le plat de base des Népalais. Toutefois, le fait de ne consommer que de la nourriture occidentale tend à aseptiser quelque peu le séjour, alors que celui-ci devrait être l'occasion de tout expérimenter et de profiter de l'étonnante diversité culturelle de la région tout autant que de la beauté des sites. Savoir saisir toutes les merveilles du pays demande un effort, mais celui-ci en vaut la peine.

Nous étions partis pour un mois d'alpinisme dans le Jugal Himal. En partant, nous nous sommes arrêtés pour une photo de groupe devant ce stupa *situé à l'extérieur du village sherpa de Tarkeghyang. De gauche à droite : Tamang, notre porteur en second ; Pemba Tshering, notre cuisinier ; moi ; mon grand copain Ian Howell ; notre* sardat *sherpa Lakpa Dorje Kumjung ; et le Sherpa Gayltzen Solu, notre porteur en chef. Nous avions formé une bonne équipe, qui allait bientôt devoir se séparer.*

Tandis que nous remontons le Marsyangdi en direction de Manang, sur le circuit de l'Annapurna, les sommets sont la plupart du temps cachés du fait de la profondeur de la gorge. À de rares endroits, il est possible d'apercevoir le Manaslu, qui voisine avec l'Himalchuli et le Pic 29 (Ngadi Chuli), mais bientôt des falaises zébrées de cascades viennent en nombre obscurcir l'horizon de leurs ombres. Je prends alors un coude au-dessus de Dharapani, franchis un *khani* à Bagarchhap et jouis d'une première vue partielle sur le Lamjung et l'Annapurna II, avec une frise de drapeaux de prière au premier plan. Nous sommes en pays bouddhiste et, tandis que je progresse vers Manang et le Thorong La, le chemin est jalonné de murs à *mani*, de *chorten* et de roches gravées de l'inscription sacrée *Om mani padme um.*

En aval de Manang, les maisons de Braga s'étagent contre une falaise érodée face à un *gompa* (monastère bouddhiste) séculaire dont l'obscurité musquée abrite plusieurs statues révérées de Bouddha et au moins une centaine de ses représentations en terre cuite recouvertes de poussière. Le moine édenté qui me reçoit a passé autour du cou une écharpe de cérémonie et me bénit pour que mon passage du Thorong La s'effectue sans danger. Dehors, les nuages de neige dérivent en provenance des Annapurnas, rendant l'hiver précoce. J'attends donc à Manang la fin de la tempête pour franchir le col en sécurité, puis je descends jusqu'à Muktinath et à la Kali Gandaki, la rivière qui passe dans la vallée la plus profonde du monde, entre l'Annapurna et le Dhaulagiri.

La vallée que je préfère par ici est la Buri Gandaki, à l'est des Annapurnas. Elle trace un long axe entre le Manaslu et le Ganesh Himal, et le sentier qui mène vers l'amont d'Arughat Bazaar à Samdo, le village le plus haut, offre un enchantement ininterrompu. De minuscules villages sont perchés sur des replats qui semblent inaccessibles, la brise hérisse quelques petits champs de millet bordés sur un côté par des maisons de chaume. La rivière a creusé une série de gorges, la piste vacille en amont, puis descend en piqué jusqu'à des bas-fonds d'après-mousson, dans lesquels on

Ce khani *est édifié à l'extérieur du village de Bagarchap ; il constitue pratiquement l'entrée du Manang, vallée transhimalayenne aride située derrière le massif de l'Annapurna. Avec sa carte, Mike Parsons vérifie que le sommet qui vient de se révéler à nous est bien celui de l'Annapurna II (5 800 m).*

pataugе dans des affluents avant de remonter une fois de plus. Cet itinéraire décousu ne fait aucune concession aux trekkers qui ne se sont pas acclimatés et a pâti pendant des décennies d'une réputation effrayante. Mais une fois que l'on se trouve au-dessus du village de Sho, le Manaslu manifeste soudain sa présence : un pic étonnant, presque en queue de poisson, dont la forme change après Lhogaon, quand on grimpe jusqu'à l'ancienne prairie à yacks de Syala et que l'on se trouve face à un amphithéâtre de montagnes : Himalchuli, Ngadi Chuli, Manaslu, Manaslu Nord et Naike Peak. Le long mur du Kutang Himal fait contrepoids de l'autre côté de la Buri Gandaki. La première fois que je suis venu ici, je me suis endommagé une côte à tousser toute la nuit, et j'ai passé une journée étendu sur le dos, content de simplement contempler un rêve arctique vertical. Parfois, c'est bon de ne rien faire d'autre qu'exister.

Les montagnes les plus facilement accessibles depuis Katmandou sont le Ganesh Himal, le Langtang Himal et le Jugal Himal, qui forment une longue ligne crénelée au nord de la capitale, le long de la frontière tibétaine. Il existe des échoppes dans les districts de Langtang et d'Helambu, mais un trekking dans les régions plus difficiles du Ganesh et du Jugal exige un support logistique plus structuré. Tilman a dirigé une expédition là-bas en 1949, alors qu'il figurait parmi les tout premiers alpinistes à accéder à un Népal qui, jusqu'alors, était un territoire interdit.

Malheureusement, il est arrivé en été, et la magie des paysages avait donc en grande partie disparu dans les nuages de la mousson. Toutefois, il a réussi à décrire la splendeur de ces montagnes avec ce style divertissant qui lui est propre. Un an après avoir exploré la vallée du Langtang, il a randonné dans le Khumbu jusqu'au pied de l'Everest et contemplé le sommet encore invaincu depuis les pentes du Kala Pattar, colline de 5 623 m au-dessus de Gorak Shep. Kala Pattar signifie « Roche noire » en hindi ; c'est là que passent de nombreux trekkers avant d'atteindre l'endroit à partir duquel on a le point de vue classique sur la plus haute montagne du monde.

J'ai pratiquement le Kala Pattar pour moi tout seul après avoir vagabondé pendant plusieurs semaines dans le Khumbu, ses alentours et ses gorges, et je m'assieds au milieu des drapeaux de prière attachés au cairn du sommet ; je me sens tout petit, mais privilégié d'être ici. Cette vue sur l'Everest est splendide, mais à certains égards cette montagne est plus à son avantage du Gokyo Ri, dans la vallée suivante au sud-ouest. À partir de ce point de vue situé à 5 340 m, on domine le plus long glacier du Népal, qui vient du Cho Oyu, et l'on jouit d'un panorama à 360° comprenant toute une galaxie de sommets : Everest, Lhotse, Makalu, Thamserku, Kangtega, Ama Dablam, Cho Oyu, Gyachung Kang, et bien d'autres. Juste en dessous, le lac de Gokyo, tel un joyau turquoise, contraste avec la moraine du glacier tout proche.

Je suis toujours à l'affût d'un prétexte pour retourner au royaume himalayen du Népal. C'est ainsi que, invitant un groupe d'amis, j'envoie un fax à Kirken à Katmandou : une nouvelle expédition est née.

Un voyage de deux jours en autocar nous mène à Basantpur, d'où notre piste part à travers le Tinjure Danda sous une pluie qui n'est pas de saison. Dans la soirée, nous atteignons notre camp victime d'un orage qui fait trembler le sol et remplit de grêlons le *charpi* ; nous n'avons pas encore vu une seule montagne. Mais à 5 heures et demie du matin, Kirken est tout excité : « Eh ! venez, il y a une vue géniale, l'Everest, le Makalu, le Lhotse Shar. » La lumière de l'aube inonde la région au nord-ouest, et effectivement nous apercevons trois des « 8 000 » qui flottent dans les brumes du point du jour. Une demi-heure après avoir quitté le camp, nous en voyons un quatrième, le Kangchenjunga ; il semble arrogant de croire que nous allions non seulement jusqu'aux montagnes, mais aussi de l'autre côté.

Encore deux camps, et nous nous retrouvons sur les rives de la Tamur, sur les traces de Joseph Dalton Hooker. Ce grand botaniste de l'époque victorienne a été le premier étranger à explorer ces vallées, en 1848-1849. Trois jours plus tard, nous quittons brièvement l'itinéraire de Hooker à Sokhartum ; nous passons la nuit dans un camp situé au confluent de la Tamur et de la Ghunsa Khola, puis gravissons un versant abrupt jusqu'à

Il a presque tout le temps beaucoup plu alors que nous remontions les gorges de la Buri Gandaki pour tenter l'Himalchuli. C'était encore la fin de la période de mousson, et le fleuve ainsi que ses affluents étaient en crue. On voit ici Al Stevenson franchir avec précaution un cours d'eau tumultueux, en amont du village d'Argat.

Amjilassa. Là, la vallée de la Ghunsa Khola est étroite et très escarpée. Nous progressons une autre journée sous la pluie, contexte idéal pour les négociations difficiles. Les choses s'améliorent ensuite alors que nous sommes dans des contreforts de moyenne altitude, traversant des villages bhotiyas dont les habitants sont venus du Tibet il y a des générations de cela. Des yacks paissent dans les prairies, des gentianes bordent la piste, et les pentes se revêtent de mélèzes qui semblent avoir été poudrés d'or par le génie automnal du roi Midas. Après Ghunsa, les arbres deviennent des arbustes, qui eux-mêmes disparaissent devant les monstrueuses moraines venues des gorges et qui traversent la vallée d'est en ouest. Alors que nous traversons un énorme glissement de terrain, l'imposant Jannu annonce soudain sa présence sur la droite: c'est une vision si puissante que je m'arrête. Le plus harmonieux des satellites du Kangchenjunga a été lissé par le glacier situé au-dessous de moi. Sur la montagne, la roche nue couronnée de vagues crémeuses de corniches brille sous la lumière de l'après-midi. La beauté du spectacle me laisse hébété.

De Kambachen, qui est le plus haut village de la vallée (environ 4 115 m), il nous faudra deux jours pour retrouver le camp de base de Pangpema, au nord du Kangchenjunga; ce trekking nous offre à chaque pas des merveilles toujours différentes. La plus grande partie de l'itinéraire longe la rive gauche du glacier du Kangchenjunga, tantôt dans le déversoir, tantôt dans des prairies à yacks où des lagopèdes se poursuivent mutuellement dans un caquètement dément. Pangpema est situé au-dessus du carrefour des glaciers et est environné de hautes montagnes où passent des frontières: celle du Tibet au nord, celle du Sikkim indien à l'est. La masse du Kangchenjunga, quant à elle, domine la vie vers le sud. Comme il n'existe pas de permis de trekking internationaux, nous ne pouvons pas faire le tour de cet immense massif: nous retournons donc à Ghunsa, franchissons le Sinion La, le Mirgin La, puis encore un autre col ne portant pas de nom. Ces trois sites sont tous à environ 4 600 m d'altitude. Puis nous descendons jusqu'à la Simbua Khola, la vallée qui draine le versant sud du Kangchenjunga. De là, nous continuons le lendemain en amont vers Rathong, Koktang et le Rathong La.

Je m'assieds de nouveau un moment, à admirer le premier des lacs glaciaires. Et à écouter le silence. Puis je poursuis ma route, lentement. Et pendant que les nuages de l'après-midi se déversent sur chacun des cinq sommets, je me remémore ce matin où, huit ans plus tôt, je me trouvais déjà ici, avec Pemba et Dendi. Leurs dévotions circulent encore dans l'air vif de l'Himalaya, tandis que je me rappelle les instructions de Pemba: « Prie comme nous, demande à revenir ici. » Dans ce domaine des dieux, ma prière a été exaucée.

PAGE DE GAUCHE: *le Chulu Far East est un honnête sommet d'environ 6 000 m, situé dans le Manang. La photo, prise à proximité du pic, permet de voir l'Annapurna II, qui domine l'horizon et d'où s'échappe ici une traînée de neige. À gauche, le sommet en pointe du Gangapurna; à droite, le Chulu Est. L'alpiniste est Shelagh Northcott.*

CI-DESSOUS: *est-il nécessaire de présenter le mont Everest? Il est immense et parfois malveillant, et attire aujourd'hui ceux qui escaladent pour la gloire. On voit ici le sommet et la face sud-ouest supérieure, photographiés du Gokyo Ri, qui offre un superbe point de vue à environ 25 km à l'ouest.*

LE NÉPAL HIMALAYEN – FICHE PRATIQUE

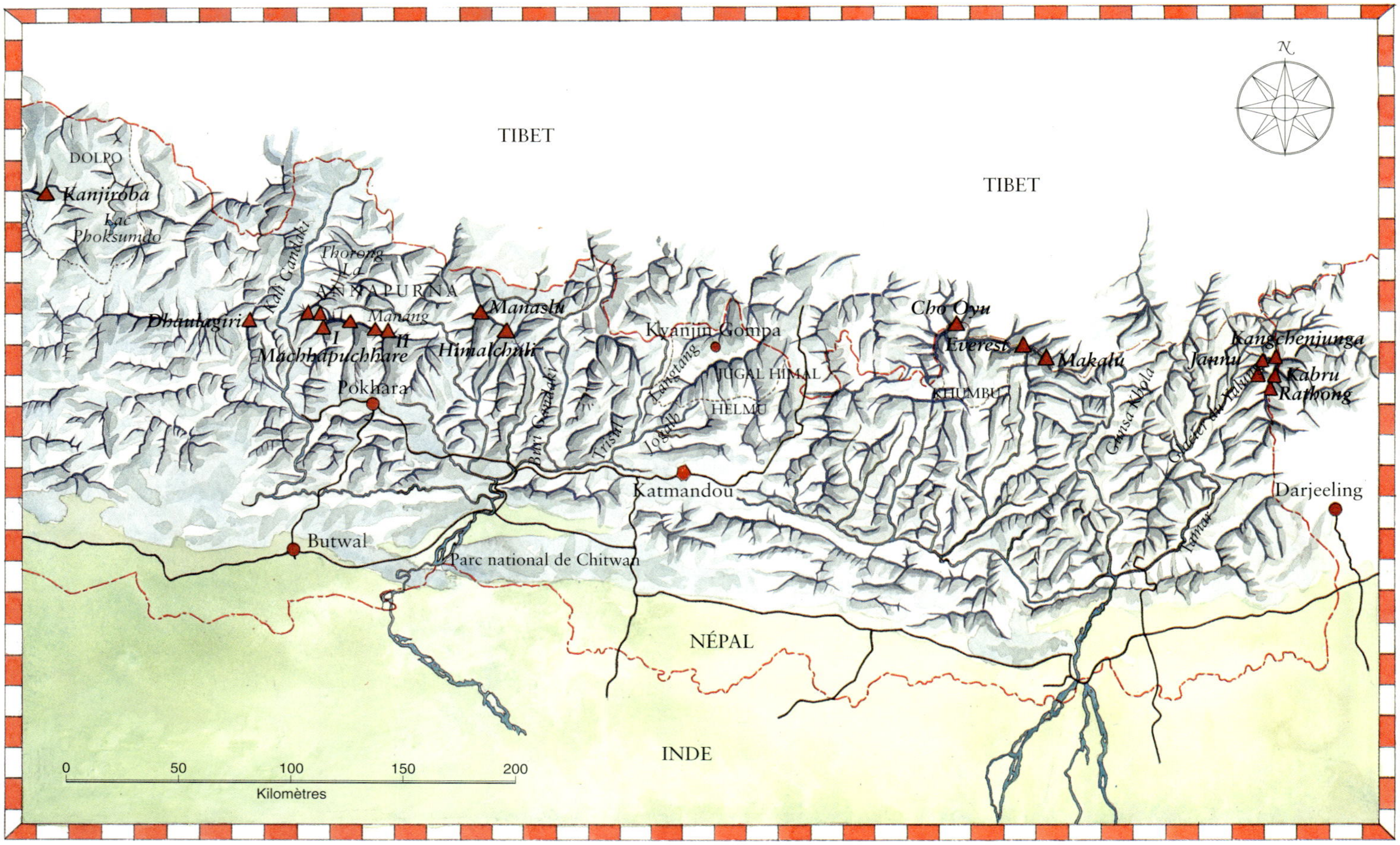

PLANTONS LE DÉCOR

La superficie du Népal est presque entièrement occupée par des montagnes. Ce pays présente la plus grande concentration au monde de sommets de très haute altitude : 50 dépassent 7 300 m, et des centaines d'autres font plus de 6 000 m. Régi par la mousson, le Népal est un pays vert et fertile, où s'enchevêtrent des contreforts boisés s'élevant progressivement jusqu'aux neiges éternelles. Les vallées, ponctuées de nombreux villages dispersés, sont aménagées en terrasses permettant la culture de l'orge, du millet et du riz. Les routes étant rares, les communications s'effectuent grâce à un réseau dense de sentiers piétonniers, caractéristiques du pays. Les marchandises sont acheminées la plupart du temps à dos d'homme, et parfois sur des poneys ; à grande altitude, ce sont souvent les yacks qui assurent le transport. Le terme de « trekking » fut inventé au début des années 1960 quand Jimmy Roberts, un ancien officier de Ghurkas, prit conscience du potentiel économique de la randonnée. Aujourd'hui, escalade et trekking fournissent au Népal d'importantes sources de revenus.

L'ACCÈS

On arrive en général au Népal par l'aéroport international de Katmandou. C'est avant de quitter la capitale qu'il faut se procurer le permis de trekking correspondant à la région où l'on souhaite se rendre. Le permis d'escalade, lui, obéit à un système complexe et onéreux passant par un officier de liaison, et son obten-

Everest	*8 846 m*
Kangchenjunga	*8 598 m*
Lhotse	*8 516 m*
Makalu	*8 463 m*
Cho Oyu	*8 201 m*
Dhaulagiri I	*8 167 m*
Manaslu	*8 156 m*
Annapurna I	*8 091 m*
Annapurna II	*7 937 m*
Himalchuli	*7 893 m*
Jannu	*7 709 m*
Ganesh I	*7 406 m*
Kabru	*7 353 m*
Ama Dablam	*6 856 m*
Rathong	*6 678 m*
Boktoh	*6 142 m*
Thorong La	*5 417 m*

tion doit se prévoir plusieurs mois à l'avance. Certaines zones frontalières et de nombreux pics intéressants restent interdits. Les sommets appelés *trekking peaks* peuvent être attaqués avec un permis simplifié moyennant des formalités et un coût minimaux. Des autocars et des vols réguliers sur appareils ADAC facilitent les déplacements vers l'est et l'ouest à partir de Katmandou. On peut randonner en s'approvisionnant en chemin, notamment sur les circuits de trekking fréquentés. En revanche, les autres déplacements représentent une expédition : on prévoira plusieurs porteurs, de préférence avec un *sirdar* qui conduira le groupe, et un cuisinier.

L'ALPINISME ET LE TREKKING

Les alpinistes disposent de plusieurs centaines de *permitted peaks*; si aucun d'entre eux n'est invaincu, ils offrent de nombreuses possibilités nouvelles d'itinéraires. On considère aujourd'hui comme dépassés la logistique d'expédition lourde, l'oxygène et la tactique de siège; en principe, les escalades doivent s'effectuer selon le style alpin. Par ailleurs, il existe actuellement 18 trekking peaks, dont le plus haut culmine à près de 6 600 m; plusieurs d'entre eux sont vraiment difficiles mais gratifiants. Les itinéraires de trekking ont des longueurs et des niveaux de difficulté variés: on pourra choisir de courtes randonnées dans des vallées, des circuits très prisés jusqu'au camp de base de l'Everest ou autour de l'Annapurna, ou des trajets sérieux dans des zones impliquant des passages de cols, et donc des compétences avérées en alpinisme. La logistique de ces expéditions sera organisée par l'une des nombreuses agences spécialisées basées à Katmandou (Col. Roberts, Mountain Travel, etc.). Que l'on vienne faire de l'alpinisme ou du trekking, on fera preuve de très grande prudence en altitude : à partir de 4 800 m, le mal aigu des montagnes fait régulièrement des victimes.

Un porteur en aval des gorges du Ghunsa Khola, au cours de la marche d'approche du Kangchenjunga. Dans ce pays de montagnes, tous les transports et le commerce dépendent de ces hommes robustes, véritables experts d'une tâche harassante.

Neige sur l'Equateur

Afrique de l'Est

H.W. Tilman

« C'est le mont Kenya qui offre le plus grand plaisir à l'alpiniste.
Il n'existe pas d'itinéraire facile, mais une montagne a toujours
des qualités à dévoiler, même si l'on ne fait pas d'escalade.
Ceux qui ne se sentent pas contraints de relever un tel défi peuvent
camper dans la solitude à proximité des glaciers, admirer la montagne
baignée de soleil et d'ombre, observer les brumes spectrales
qui se tortillent sur les rochers et les pics, se fortifier de leur caractère
sauvage, se reposer au spectacle de leur caractère distant. »

POINTE PIGGOTT

Le Piggott est un pic pratiquement tout en arêtes : c'est en fait une continuation de l'arête ouest où nous sommes, mais qui est coupée du pic principal par le col d'où nous commençons notre ascension. Le véritable sommet est à l'extrémité nord-est de l'arête, et donc donne sur le col où nous nous trouvons, mais c'est trop escarpé pour que l'on puisse s'y attaquer de là. C'est seulement à 1 heure de l'après-midi que nous atteignons la crête sommitale plus loin vers l'est, après une ascension difficile. Les brumes tardant à se former ce matin-là, nous sommes récompensés par des panoramas superbes de la crête et de la face ouest, ainsi que par une très vaste étendue en aval de nous : le vert foncé de la forêt se fond dans la vaste mer gris-vert des plaines, surface sombre et indistincte striée des lignes plus foncées de la brousse qui croît près des cours d'eau. Elle est limitée au nord par les Loldaika Hills, au-delà desquelles le vert se mue en brun et le brun en jaune, à mesure que les déserts de sable s'étendant jusqu'au massif d'Éthiopie s'approprient le sol. Vers le sud, les nuages dissimulent tout, à l'exception des sommets les plus hauts des Aberdares : il nous sera donc impossible d'apercevoir à 300 km les neiges du Kilimandjaro, que nous avions vues une ou deux fois à bonne altitude du mont Kenya.

La descente s'anime d'une variante prometteuse au départ, mais par la suite elle nous entraîne dans un long rappel ; sur le chemin du camp, nous passons devant le squelette d'un buffle à environ 4 500 m d'altitude. Nous rentrons sous une tempête de neige à 17 heures, assez fatigués.

Pendant la nuit, le thermomètre descend à –10 °C. Nous restons longtemps couchés et passons ensuite une journée agréable à rechercher un petit lac dont le vert émeraude éclatant nous avait attirés alors que nous étions au sommet du Piggott.

Le 8, nous faisons un grand tour du pic : nous passons à l'ouest du Piggott et par le col des Two Tarn (des « Deux Petits Lacs ») pour arriver au glacier Lewis, que nous traversons vers 16 heures avant de rentrer. Près de la pointe Lenana, nous trouvons un thermomètre abandonné en 1929 par l'équipe de S. (Shipton), à environ 4 800 m ; il indique –13. Mais nous doutons de son exactitude, compte tenu du froid extrême ressenti après avoir traversé le sommet, même dans le refuge : nous déposons donc un de nos thermomètres au même endroit, pour le récupérer plus tard. Les poneys devant monter jusqu'à nous le 10, nous consacrons la journée du 9 à escalader ce que nous appelons Midget Peak (le « Pic nain »), petite aiguille rocheuse très pointue et abrupte située sur le flanc sud de la montagne, et que seul le manque de temps nous avait empêchés de gravir la veille. Nous pensions que son ascension nous procurerait de l'amusement, et n'avons pas été déçus.

Nous l'attaquons par le même itinéraire à 9 heures et demie du matin et commençons à escalader par un ravin dont la roche est trop enneigée et verglacée à notre goût.

PAGE 160 : le flanc sud du Nelion, vu à partir du Batian.

Les neiges du mont Kenya constituent un spectacle insolite à la latitude de l'équateur. La vue ci-dessous est prise au nord-ouest, près de Timau, à environ 25 km. On reconnaît, de gauche à droite, les sommets du Sendeyo et du Tereri, la pointe Lenana, les pics Nelion et Batian (les deux pics jumeaux), et enfin la pointe Piggott. On distingue ici nettement que les sommets du centre représentent tout ce qui reste du noyau d'un ancien volcan.

CI-DESSUS, À GAUCHE : deux alpinistes quittent le rivage du lac Harris pour entamer l'ascension de la pointe Lenana par la face nord-est.

AU CENTRE : le Tereri et le Sendeyo se dressent derrière le refuge de Kami, au bord du lac Tami.

À DROITE : les silhouettes menaçantes du pic Batian (à gauche) et de la pointe John dominent le lac Hut, après une nuit de neige en plein mois d'août.

Plus haut, les difficultés s'aggravent, nous avançons plus lentement, il se met à neiger sans discontinuer. Je pense que nous aurions dû rebrousser chemin, mais, comme la brume nous dissimule le sommet, nous espérons toujours que la prochaine longueur de corde sera la dernière. S. passe en tête sur plusieurs passages critiques : j'aurai plus tard une raison de me souvenir d'un en particulier, une saillie glacée en pente.

C'est peu après 1 heure de l'après-midi que nous atteignons un gros bloc couronnant le sommet. La brume nous masque tout, la neige est plus épaisse, et nous entamons sans tarder la descente : nous ne sommes pas sûrs de la qualité de la roche, et notre progression est rendue encore plus difficile par cette neige fraîche. En franchissant la saillie avec une hâte qui l'emporte sur la prudence, la neige fraîche se dérobe, et je glisse ! La suite des événements, je n'en ai pas le souvenir ; je me rappelle simplement m'être trouvé sur une plate-forme rocheuse à tenir une conversation décousue avec S., qui est à 25 m au-dessus de moi. La première question que je pose est fidèle à la forme : au théâtre, quand l'héroïne évanouie retrouve ses esprits, elle demande en général « Où suis-je ? » dans un souffle avant de retomber, semi-inconsciente, dans les bras de son bien-aimé. Dans ma bouche, la question n'est pas vaine, car j'ai très fortement l'impression que nous sommes sur le Kilimandjaro ; il faut les dénégations répétées de S. pour me convaincre. Physiquement, j'ai l'air de bien me porter ; au niveau mental, en revanche, cela ne va pas du tout. La secousse provoquée par la corde m'a peut-être fait perdre connaissance. Mes inquiétudes ne s'apaisent pas quand je réalise que cette descente par un itinéraire tout nouveau et très rapide n'a servi à rien, puisque je me trouve dans une impasse. Je dois remonter pour rejoindre S., aidé par la corde.

Une seconde tentative pour traverser la saillie glacée est couronnée de succès, et la descente se poursuit sur des rochers qui, minute après minute, semblent de plus en plus froids et difficiles. Partout où c'est possible, nous descendons sur double corde en faisant huit ou neuf rappels. Si la descente s'était prolongée, nous aurions manqué de corde : nous avons dû en couper au moins une cinquantaine de centimètres à chaque fois pour confectionner un anneau dans lequel passer la corde. Nous sommes singulièrement mal équipés pour cette parodie d'ascension, puisque nous n'avons même pas un canif : c'est avec une pierre que nous sommes obligés de trancher la corde.

Crépuscule observé du sommet du pic Nelion. L'ombre de la pointe John se projette sur les nuages de la pointe Lenana.

Malgré tout, nous descendons en ayant encore assez de filin, reprenons le piolet et le sac à dos que nous avions laissés au pied de la montagne et, pour la troisième fois, nous montons péniblement le glacier Lewis dans une neige fraîche (ce glacier doit son nom au professeur Lewis, un géologue américain auteur de travaux révolutionnaires sur les glaciers). J'ai l'impression, et ce n'est pas étonnant, d'être violemment entré en contact avec quelque chose de dur ; de surcroît, nous sommes trempés, et nous n'avons pas assez de persévérance pour faire un détour et récupérer le thermomètre laissé près de la pointe Lenana. Il a probablement d'ailleurs été enseveli sous une profonde couche de neige, et sans doute qu'il s'y trouve encore, et qu'il affiche des températures que personne ne lira jamais.

Descente du Batian en rappel par la porte des Brumes, défilé glacé situé entre ce pic et son jumeau le Nelion, qui culmine à une altitude moindre.

Le 10, nous ne faisons rien d'autre que nous lamenter à la perspective que les poneys n'arriveront pas avant la soirée : nous nous sommes rendu compte qu'il nous reste très peu de nourriture pour le retour. Trois animaux arriveront et, le 11, nous faisons une double étape jusqu'à notre premier camp, à la lisière de la forêt ; nous y parvenons sous la pluie, à 17 heures. Nous n'avons plus rien à manger, il reste juste quelques aliments liquides. Sans doute nos provisions étaient-elles insuffisantes, mais nous commençons à penser que nos demandes sont aussi creuses que nos estomacs. Ce camp en forêt aurait dû être doux et agréable à nos sens après toutes ces journées passées sur la roche et la neige ; nous le vivrons surtout comme un retard agaçant à la satisfaction de nos besoins les plus primaires.

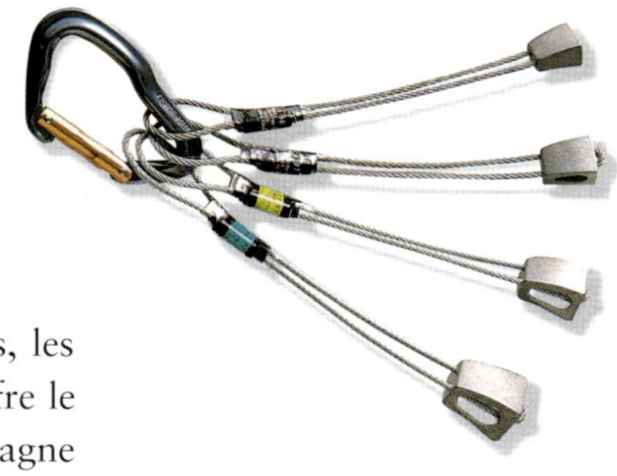

Le lendemain, c'est dans un état de faiblesse terrible que nous descendons jusqu'à la ferme d'où a démarré notre expédition. Des œufs au bacon à 10 heures et demie, puis un déjeuner arrosé de bière à midi nous rendent une partie de nos moyens. Nous réglons ce que nous devons, puis nous nous mettons en route pour rentrer chez nous.

Pour moi, ces quinze jours sont les plus agréables que nous ayons passés, les plus agréables que l'on puisse passer en Afrique. C'est le mont Kenya qui offre le plus grand plaisir à l'alpiniste. Il n'existe pas d'itinéraire facile, mais une montagne a toujours des qualités à dévoiler, même si l'on ne fait pas d'escalade. Ceux qui ne se sentent pas contraints de relever un tel défi peuvent camper dans la solitude à proximité des glaciers, admirer la montagne baignée de soleil et d'ombre, observer les brumes spectrales qui se tortillent sur les rochers et les pics, se fortifier de leur caractère sauvage, se reposer au spectacle de leur caractère distant.

Ce séneçon géant (Senecio keniodendron) *est caractéristique de la zone afro-alpine. Sa couronne luxuriante, sur les bords du petit lac Oblong, contraste avec la roche de la pointe Peter, qui s'élève au-dessus du col Hausbourg (à gauche). «* Window Ridge *», une escalade classée VI, suit la ligne de l'horizon à gauche ; elle tire son nom (« crête de la Fenêtre ») du trou qui se remarque bien.*

LE RUWENZORI

Nous campons dans une grotte accueillante malgré son humidité, à environ 3 900 m d'altitude. Nous sommes tout près du lac Bujuku, triste étendue d'eau peu profonde au rivage nauséabond et bordé de boue, parfaitement en harmonie avec le paysage désolé qui nous environne. Toutefois, depuis notre grotte, nos regards s'attardent plutôt sur les sinistres précipices au-delà de la vallée en aval des neiges du mont Baker, sur la crête dentelée du col Scott-Elliott, sur les pics et glaciers du mont Stanley. Pourtant, il est rare que nous en ayons le spectacle en entier, sauf pendant une minute ou deux à l'aube ou à la nuit tombante. Nous sommes en général forcés de faire confiance à la roche et à la glace, aux pics et aux crêtes, entr'aperçus de façon fugace à travers les brumes tourbillonnantes ; c'est notre imagination qui lie le tout.

CI-DESSUS : un porteur bakongo chemine sur le col Scott-Elliott (4 374 m), en amont de la face ouest du Semper. Ce mur absolument inhospitalier de 400 m, qui n'a pas encore été escaladé, reste l'épreuve non résolue la plus saillante du Ruwenzori.

PAGE DE GAUCHE : le toit du Ruwenzori, vu du sommet de l'Albert. Au premier plan, la Margherita, qui est le point le plus haut du mont Stanley ; au deuxième plan, l'Alexandra. On ne réalise pas sur cette photo que les deux pics ne sont distants que d'environ 400 m.

Nous avions pour projet initial de transporter toute notre nourriture et notre matériel jusqu'à une base avancée à proximité du col Scott-Elliott : celui-ci est situé entre le mont Stanley et le mont Baker, et, du moins l'espérions-nous, il allait nous livrer accès à ces deux cimes. Il faudra un certain temps avant que la brume se dissipe assez pour que nous identifiions le col, et à une telle distance il semble que l'approche serait exagérée pour nos porteurs. Nous en avons déjà renvoyé huit pour en conserver six dans la grotte. Ils étaient à l'aise et modérément contents, mais si découragés par l'aspect de ce qui les attendait qu'il semblait préférable de les laisser en dehors de nos projets et de nous déplacer sans eux. En raison de ce changement dans nos plans, nous avons été très occupés l'après-midi de notre arrivée dans la grotte : nous avons dû sortir et trier nos provisions alimentaires et nos affaires, et en faire deux charges de 18 kg. Nous avions l'intention d'établir notre camp sur le plateau Stanley, de là escalader la Margharita et l'Alexandra, rapprocher notre bivouac au mont Baker et le gravir, avant de revenir à la grotte pour reprendre des forces. Il nous restait à découvrir que, de même que l'ours doit être tué avant qu'on en vende la peau, il fallait avant toute chose trouver le sommet du Ruwenzori.

Nous quittons le camp à 8 heures du matin le 17, accompagnés de deux porteurs. Longeant le rivage du lac, nous montons au milieu de séneçons et gagnons la zone rocheuse. À environ 4 500 m d'altitude, nous tombons sur le site d'un précédent bivouac. Il est alors 11 heures, et, comme il commence à neiger, nous renvoyons nos porteurs à la grotte, nous chargeons de nos 18 kg et montons lentement. Vers 1 heure, nous atteignons le pied du glacier Elena ; puis, progressant sur une pente enneigée mais douce, nous parvenons en peu de temps aux pentes encore moins raides du plateau Stanley. En raison du brouillard, nous ne pouvons nous guider qu'avec de rares coups d'œil sur la gauche sur le pic Elena et le pic Moebius, qui sont proches. À 3 heures, nous ne savons absolument plus

où nous nous trouvons, et donc nous plantons notre petite tente à un endroit que nous pensons protégé, en priant pour que la brume se lève. La dissipation si attendue se produira au coucher du soleil, et nous constatons alors, à notre grand étonnement, que nous avons monté la tente presque sur la ligne de partage des eaux. Quelques pas sur une pente enneigée nous amènent à une pause, autant pour profiter d'un point de vue envoûtant qu'à cause de la soudaine déclivité du sol sous nos pas. Loin vers l'ouest et en aval, par une trouée dans les nuages cinglants, nous voyons le tapis vert foncé et presque noir de la forêt du Congo, sur lequel se détachent les sinuosités argentées de la Semliki. Il y a au sud une tache plus claire, là où les eaux du lac Edward reflètent la dernière lumière du jour; mais, en un instant, le soleil qui disparaît et la brume qui se lève brouillent une fois de plus tout dans une morosité impénétrable qui n'épargne que la neige à nos pieds. Toutefois, cette vue merveilleuse est éclipsée par une information d'ordre plus pratique: la révélation, pendant une brève minute, d'une arête neigeuse qui monte vers le nord et mène à un sommet que nous supposons être celui de l'Alexandra. Malgré les conditions, nous avons établi notre camp à un emplacement bien situé pour tenter l'ascension de ce pic; nous en concevons une satisfaction injustifiée, dans la mesure où notre choix a tenu plus du hasard que d'une bonne gestion de la montagne. Il neigera toute la nuit et il continue à neiger à l'aube, ce qui rend impossible l'éclaircie qui, nous l'espérions, rafraîchirait nos mémoires. Quand nous nous mettons en route à 7 h 30 pour essayer de négocier l'arête que nous avons vue la veille au soir, la visibilité est limitée à moins de 10 m, et, après avoir erré parmi un labyrinthe de crevasses, nous retournons au camp. Il nous faut être prudents, car les traces de pas sont effacées presque instantanément par la neige fraîche.

CI-DESSUS : *vue du glacier Elena, l'aube pointe derrière le mont Baker. Les trois sommets sont respectivement, de gauche à droite, ceux de Monk's Head (« Tête de Singe »), du Semper et d'Edward.*

PAGE DE DROITE : *deux alpinistes sur l'arête sud-est approchent du sommet de l'Alexandra. Cette voie, qui est celle habituellement suivie, présente peu de difficultés techniques ; toutefois, le meilleur moyen d'y parvenir dépend de l'état des corniches et des crevasses.*

Cette neige persistante ne tarde pas à trouver les points faibles de notre petite tente, qui n'est pas vraiment adaptée à deux hommes et à la neige ! Des flaques d'eau s'accumulent rapidement sur le sol, limitant d'autant l'espace dont nous disposons, et qui est déjà restreint par la présence d'un piquet central. Dans ce contexte inconfortable, il est de plus en plus difficile de garder au sec nos sacs de couchage. Dans la soirée, une autre éclaircie dans la brume nous précipite dehors, mais l'obscurité tombe alors que nous n'avons pas été plus loin que le pied de l'arête, et nous devons revenir sur nos pas.

Le troisième jour, il y a toujours de la brume mais la neige a cessé de tomber. Nous aidant de nos traces de la veille, qui restent visibles par endroits, nous atteignons l'arête et commençons à monter. L'ascension n'est pas trop difficile, si l'on excepte une corniche délicate et la qualité peu fiable de la neige ; c'est donc vers midi que nous parvenons au sommet (5 091 m). Nous y trouvons un cairn dressé par le duc des Abruzzes en 1906 et le Dr Humphreys en 1926. Nous restons là-haut jusqu'à midi et demi, en ne regardant que de loin en loin le sommet voisin de la Margherita, et regagnons notre camp à

4 heures. Une brève éclaircie nous permet d'essorer nos sacs de couchage et de plier la tente. Nous nous couchons assez contents de notre succès sur l'Alexandra, émerveillés par un coucher de soleil sur le Congo et l'arête de la Margherita.

Il neigera encore pendant la nuit, mais nous sortons à 7 h 30, ce qui nous permet de voir nettement la Margherita pendant cinq minutes. Pourtant, la brume s'est reformée avant notre départ, et rapidement nous avons les idées aussi nébuleuses et cotonneuses que le temps qui règne sur notre position et sur la direction à suivre. Les crevasses semblent plus nombreuses, le brouillard paraît plus épais que lors de notre première tentative ; mais après avoir tâtonné pendant des heures, nous voyons face à nous le contour menaçant de ce qui, sans aucun

John Temple en action sur l'arête sud-ouest envahie de lichen du Johnston, troisième sommet du mont Speke par l'altitude. On voit, au-delà de la Bujuku Valley, les pics sud du mont Stanley : Elizabeth à gauche (au-dessus du glacier du Couronnement), Savoia au centre et Elena à droite.

doute, est une arête. Au pied se trouve un contrefort rocheux et abrupt, que nous parvenons à contourner sur la droite, retraversant au-dessus sur la gauche. Nous sommes pleins d'espoir en attaquant l'arête mais, très rapidement, nous restons confondus devant des traces de pas dans la neige. Robinson Crusoé ne l'aurait pas été davantage sur son île dans pareil contexte. Nous sommes si déconcertés que nous avons l'esprit traversé de folles conjectures sur le passage d'une précédente équipe. Il nous faudra quelque temps pour réaliser la réalité, qui est peu flatteuse : il s'agit de nos propres traces de la veille. C'est la seconde fois que nous gravissons l'Alexandra !

C'est tout penauds que nous regagnons notre camp pour y passer une nuit assez sombre, aussi déprimés par nos échecs que par l'état de la tente, dont le contenu est maintenant trempé, y compris nos sacs de couchage. Nous avons presque épuisé nos provisions alimentaires, mais, avant d'entamer notre descente forcée le lendemain, nous décidons de faire une dernière tentative sur Margherita.

À 3 heures du matin, nous avons si froids dans nos sacs de couchages mouillés que nous renonçons à essayer de dormir : nous préparons du thé et prions pour que l'aube vienne rapidement. Nous démontons la tente, faisons nos paquetages

Le beau petit sommet du Kitasamba, pic excentré du Savoia qui commande le glacier du Couronnement, sur le mont Stanley.

trempés et, à 6 heures, nous commençons à descendre le glacier en laissant nos sacs au pied du plateau Stanley. Puis, dans une ultime tentative désespérée, nous mettons à nouveau le cap vers le nord pour essayer de trouver l'arête de la Margherita. Le brouillard prédomine, comme d'habitude, tandis que la largeur et la fréquence de crevasses infranchissables rendent vaine toute tentative de course à la boussole, qui, en tout état de cause, n'aurait été qu'approximative.

Nous sommes très éprouvés moralement par ces changements répétés de direction auxquels nous obligent les crevasses. Chacun d'entre eux donne lieu à des discussions véhémentes, et nous traçons dans la neige de petites cartes avec nos piolets pour illustrer nos théories respectives.

Une fois de plus, un contrefort rocheux se dresse, menaçant. Nous le considérons avec méfiance et l'attaquons sans enthousiasme, espérant à tout moment retomber sur nos anciennes traces. Nous serons enchantés d'être déçus dans cette attente, puisqu'à 11 heures nous parvenons à un sommet : lequel ? Nous n'en savons rien. Nous sommes donc réduits à attendre que le brouillard se dissipe. Dans cette perspective, nous nous asseyons dans un creux que nous ménageons en raclant la neige.

Nous avons descendu le couloir au-dessous de l'étroit Savoia-col de la Grande Dent avec un premier rappel lancé par-dessus une immense corniche jusqu'à cette angoissante grotte glaciaire. Nous avons gagné ensuite le glacier Elena en aval, par des pentes de glace et de neige abruptes.

Cette ascension, fort intéressante, n'a pourtant pas été difficile. La crête et le sommet sont drapés de corniches présentant un étrange et superbe aspect de pénitents. Une légère fonte apparaissant à ces altitudes, la formation neigeuse est peut-être due au vent plutôt qu'à de rapides variations de température. Toutefois, la présence de nombreux stalactites de glace sous les corniches indique plutôt une très grande amplitude des températures.

Nous devons programmer notre départ pour 3 heures de l'après-midi, faute de quoi nous serons condamnés à passer une nuit sur le glacier, sans nourriture. La levée d'un vent pénétrant commence à émousser notre intérêt pour le nom du sommet sur lequel nous étions et menace de nous amener à le quitter sans en savoir plus. Les brouillards tourbillonnants semblent se dissiper à plusieurs reprises, et nous ôtons nos lunettes à intervalles réguliers, espérant trouver un indice tangible dans cet océan de purée de pois ; mais nous sommes frustrés dans nos attentes par des nuages issus d'une source apparemment inépuisable. Après plusieurs déceptions survient enfin une éclaircie, qui dure à peine une minute. C'est toutefois suffisant pour nous permettre de voir et de reconnaître le contour familier de l'Alexandra, et en déduire que nous devons nous trouver sur la Margherita, à 5 109 m d'altitude.

C'est véritablement la chance qui nous a permis de négocier la crête un pareil jour, et c'est donc en jubilant presque que nous commençons à descendre. En nous aidant de nos traces de pas, nous retrouvons nos sacs à dos à 16 h 30. Une courte halte nous permet d'avaler une bouchée de pemmican cru, et nous partons juste après pour la grotte. Malgré le brouillard et la montée de l'obscurité, nous trouvons la bonne route. Nous quittons la neige pour la roche, glissant parfois sur des dalles moussues. Bientôt, nous nous débattons pour nous frayer un chemin à travers les séneçons, au-dessus du lac. Chargés de paquetages alourdis par l'eau et épuisés par les efforts que nous avons déployés, nous sommes dans un état physique effroyable. Nous nous dirigeons donc d'un mouvement commun vers la boue du rivage : au moins elle sera moelleuse. De toute façon, des sables mouvants se sont pas pires que la zone de séneçons dans laquelle nous nous débattons.

Ce ne sont pas des sables mouvants mais une imitation fort proche et, de surcroît, très nauséabonde. « Ici, donc, ils se vautrèrent quelque temps, et furent sérieusement barbouillés de boue ; et du fait du poids qu'il portait sur le dos, Christian commença à s'enfoncer dans le bourbier. » Poêle à frire et feu, démon et eaux profondes, Charybde et Scylla, tout cela représente de pâles comparaisons par rapport au dilemme auquel nous sommes confrontés. Finalement, nous repartons vers la forêt de séneçons, peut-être parce qu'elle ne dégage pas d'odeur, elle ! Et à la tombée de la nuit, nous retrouvons la grotte et la chaleur bienvenue d'une bonne flambée.

AFRIQUE DE L'EST – FICHE PRATIQUE

PLANTONS LE DÉCOR

Le mont Kenya est le culot érodé d'un ancien volcan splendidement isolé à une quinzaine de kilomètres de l'équateur. Ses deux sommets jumeaux, entourés d'aiguilles, s'élèvent de façon abrupte depuis un dôme de lande d'altitude. Demeuré inconnu des Européens jusqu'en 1849, le pic Batian fut gravi pour la première fois en 1899 par Mackinder et deux guides de Courmayeur; le Nelion le fut en 1929 par Shipton et Wyn Harris.

À l'inverse, le Ruwenzori est une chaîne montagneuse comportant plusieurs grands massifs entourés de contreforts densément boisés qui s'étendent à plus de 100 kilomètres le long de la frontière avec l'Ouganda et le Congo. Les six plus grands d'entre eux comptent de petits glaciers, et dix sommets dépassent 4 800 m, l'altitude du mont Blanc. Ces légendaires « montagnes de la Lune », mentionnées par Ptolémée, restèrent inexplorées, jusqu'à l'ascension organisée par le duc des Abruzzes, en 1906.

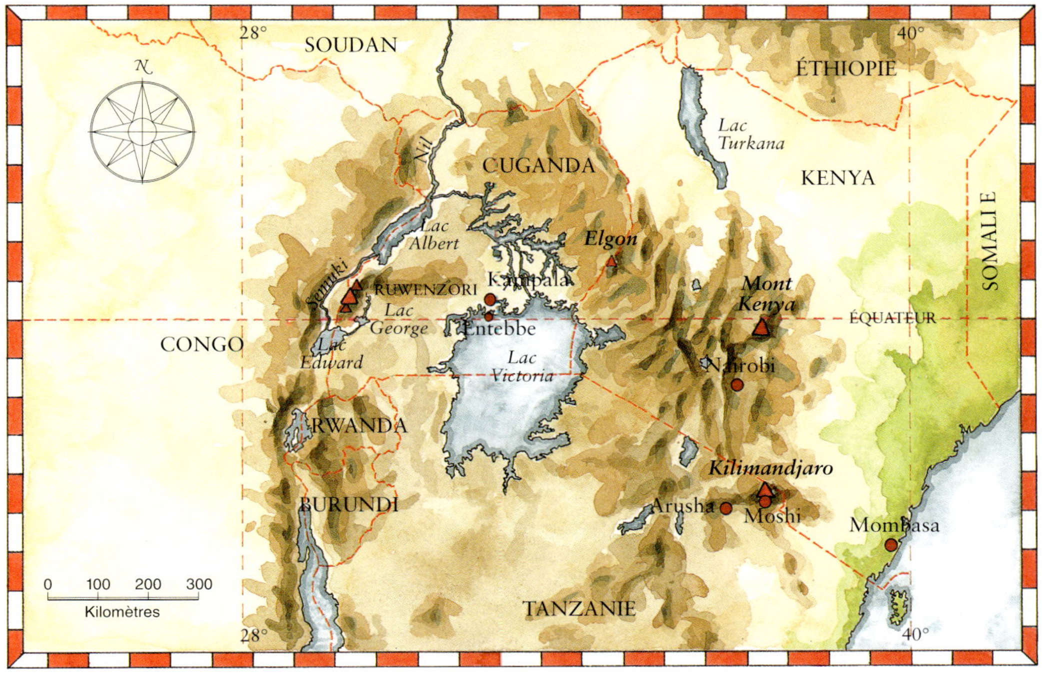

L'ACCÈS

L'accès au parc national du mont est réglementé, l'entrée et la nuitée sont payantes. Les alpinistes sérieux bénéficient d'un tarif inférieur à celui des randonneurs, qui peuvent trouver sur place guides et porteurs. Il existe neuf refuges plus ou moins bien entretenus; on trouve aussi un certain nombre d'abris-sous-roche. Trois des sept principales pistes d'approche depuis la route de ceinture permettent de monter à 3 000 m. Sur l'adret, les conditions sont estivales en janvier et en février, tandis que les mois d'août et de septembre correspondent à l'hiver; l'inverse s'applique à l'ubac. Entre ces périodes, c'est la saison des pluies.

Pour des raisons politiques et pratiques, il est recommandé d'aborder le Ruwenzori par l'Ouganda. On arrive à Ibanda depuis Kampala en autocar ou en taxi. On peut se procurer sur place des permis et trouver des porteurs, mais une réglementation stricte régit l'emploi de personnel et l'équipement. Les sept refuges bien situés étant en ruine, on se rabattra sur les très nombreuses cavernes ou plutôt sur des tentes. Le climat est épouvantable, mais c'est en janvier, février et juillet que l'on bénéficiera des conditions les meilleures.

L'ALPINISME ET LA RANDONNÉE

Le mont Kenya offre des dizaines d'excellentes escalades. L'itinéraire le plus facile jusqu'aux principaux sommets, Batian et Nelion, est coté IV, et prend en général deux jours. Une acclimatation préalable est indispensable. La lande environnante offre de magnifiques circuits de randonnée et des sommets faciles comme celui de la pointe Lenana.

Une équipe bien entraînée atteindra le cœur du Ruwenzori en trois jours. Il est conseillé de prévoir un circuit de dix jours via Kitandara et les deux vallées principales, par les cols Scott-Elliot et Freshfield: on randonnera ainsi à travers une végétation afro-alpine qui a fait la réputation du Ruwenzori. Les principaux sommets permettent de faire sur neige des ascensions assez simples d'une journée au départ des refuges les plus élevés. Mais, un temps souvent abominable et un rocher gluant de végétation dissuadent d'entreprendre des escalades difficiles.

Mont Kenya :	
Batian	*5 199 m*
Nelion	*5 189 m*
Pointe Lenana	*4 985 m*
Pointe Piggott	*4 957 m*
Pointe John	*4 883 m*
Pic Tilman	*4 785 m*
Pointe Peter	*4 757 m*
Tereri	*4 714 m*
Sendeyo	*4 704 m*
Midget Peak	*4 700 m*
Ruwenzori	
Mont Stanley :	
Pointe Margherita	*5 109 m*
Pointe Alexandra	*5 091 m*
Pointe Albert	*5 087 m*
Pointe Savoia	*4 977 m*
Pointe Moebius	*4 918 m*
Kitasamba	*4 862 m*
Mont Speke :	
Pointe Johnston	*4 834 m*
Mont Baker :	
Pointe Edward	*4 843 m*
Pointe Semper	*4 795 m*

INDEX

Les numéros des pages indiqués en *italique* renvoient aux illustrations.

REMERCIEMENTS

L'Éditeur exprime sa reconnaissance aux auteurs, administrateurs et éditeurs des publications et articles suivants, pour l'aimable autorisation qu'ils leur ont donnée de reproduire leurs textes dans Montagnes de rêve *:*

« Autour du cirque de Gavarnie », Pierre Minvielle.
Texte © Pierre Minvielle-Nathan, Paris, 1999.

« Le Toit des Alpes », W.M. Conway.
Extraits de « Mont Blanc » et « Oberland bernois », publiés dans *The Alps from End to End* (Archibald Constable & Co., Londres, 1905).

« La Contrée du mystère », W.H. Murray.
Premier extrait tiré de « The Undiscovered Country », publié dans *Undiscovered Scotland* (Dent, Londres, 1951).
Second extrait tiré de « Twenty-Four Hours on the Cuillin », publié dans *Mountaineering in Scotland* (Dent, London, 1947).
Texte © Anne Murray, 1947 et 1951.

« La Lumière d'autres fois », David Harris.
Texte © David Harris, 1998.

« Le Pays des roches rouges », Steve Roper.
Texte © Steve Roper, 1998.

« Imprévisibles Montagnes », John Cleare.
Texte © John Cleare, 1998.

« Des Incas et des Andes », Mike Banks.
Texte © Mike Banks, 1998.

« La Montagne solitaire », Kurt Diemberger.
Extrait tiré de « Der einsame K2 : Vor 30 Jahren am Baltoro, mit Hermann Buhl », publié en Grande Bretagne sous le titre *The Endless Knot* (traduit de l'allemand par Audrey Salked ; Grafton Books, Londres, 1991) et publié en France sous le titre *K2, rêve et destin* (avec une traduction de Martine Floch, Arthaud, Paris, 1992). Texte © Kurt Diemberger, 1989.

« La Bouche de la vache », Jim Perrin.
Texte © Jim Perrin, 1998.

« Le Domaine des dieux », Kev Reynolds.
Texte © Kev Reynolds, 1998.

« Neige sur l'équateur », H.W. Tilman.
Extrait de *Snow on the Equator* (G. Bell and Co., Londres, 1937).
Texte © Pamela H. Davis, 1993.

L'Éditeur remercie les établissements suivants d'avoir aimablement prêté les équipements d'alpinisme illustrant ce livre :

Cotsworld Essential Outdoor
Pour tout l'équipement d'extérieur

Lowe Alpine
Pour les vêtements et le matériel

Crédit photographique p. 89
Ultra Quasar, de Terra Nova Equipment Ltd.
CLICHÉ : Terra Nova Equipment Ltd.

Les éditeurs et John Cleare souhaitent également exprimer toute leur gratitude au personnel de la bibliothèque et aux membres du Comité de l'Alpine Club, à Londres, pour l'aide prodigieuse qu'ils ont apportée à la réalisation de ce projet, ainsi que pour le prêt d'équipements d'alpinisme de la période victorienne destinés aux prises de vue en studio.